白崎朝子 Asako Shirasaki

ケアという「しごと」

Passion

現代書館

はじめに

人のいのちに関わる「現場」に身を置いて、そこにある光と闇の両方を見つめてきた。

本書には、私が出逢った「当事者」たちとのあたたかな記憶と同時に、「現場」の暴力が描かれている。

私は、「当事者」や「支援者」が持つ闇が必ずしも悪いことだとは思わない。私のなかにも、深い暗闇があるからだ。

私は、他者の受難（Passion）や暗闇に寄り添いながら、自身の受難や暗闇に真摯に向き合い、癒してきた。

私は、私の暗闇を愛する。なぜなら、その暗闇があるからこそ、他者の手を取り、つながっていきたいと思うから。

本書は、そんな私の魂の軌跡と、恢復《かいふく》(注)の物語である。

（注）傷ついたものが元に戻る「回復」と異なり、「恢復」には「小さくなったものが大きく広がって元に戻る」という意味がある。（『トラウマから恢復するためのＰＴＳＤワークブック：心とからだと魂の癒し：大切な存在であるあなたへ』、メアリー・ベス・ウィリアムズ、ソイリ・ポイユラ著、グループ・ウィズネス訳、明石書店）

Passion　ケアという「しごと」　目次

プロローグ――私の受難(Passion)と祈り

静かな雨が降っていた。その日、私が勤務する認知症対応型グループホームの家族会があった。私の担当している2階フロアが会場だった。利用者女性Aさん以外は、みな1階に移動していた。認知症が重いAさんは環境が変わると不穏になるため、2階の彼女の自室で私とふたり、ベッドに座っていた。彼女は普段は「いやー」とか「ちょうだい」とか単純な言葉しか言わない。だが、彼女は誰よりも周囲の空気に敏感で、利用者たちが穏やかなときには落ち着いている人だった。

ふたりでAさんのベッドに座って、黙って窓の外の雨を見ていたときだった。普段はほとんど話さない彼女が「雨が降っているね。外で働く人は大変だね」と話したのだ。外で働く人のことを気遣うAさんの優しさに触れた瞬間だった。

私は彼女の手をそっと握って「そうだね、きっと大変だね」と言った。交わしたのは、たったそれだけ……。言葉は必要なかった。彼女の優しい気持ちは、その日の慈雨のように私の心を潤してくれた。

雨の日のエピソードから3年ほど前、そのとき働いていたデイサービスでも似たようなことがあった。そのことを話したら、精神科医の友人から「それはシュヴィングの手法に近いですね」と言われた。彼女に教えられた『精神病者の魂への道』（シュヴィング著　みすず書房）には、看護師・シュヴィングの手法として、重い精神疾患の人の隣に座り、相手の恢復を祈りながら必要なケアだけをすることなどが書いてあった。私の無意識の行為は、シュヴィングの手法に近かった。

シュヴィングは、私が高校時代に出逢い、大学で学びたかったユダヤ系ドイツ人哲学者のマルティン・ブーバーと同時代を生きた人だ。本には、シュヴィングがブーバーの影響を受けていたかもしれないとあった。私はいい教師に恵まれず挫折したが、10代のときに探求したかったことが、40年以上経ってから、実践の場でつながっている可能性があった。若い日の学びというのは、精神や魂の根幹にあり、やがて実践で生かされるのだと感じた。

40代で統合失調症を発症していたというAさん。さらに認知症になった彼女は、複数の職員から虐待されていた。私は上司、自治体、会社の労働組合に訴え、改善を働きかけた。だが、取り合ってはもらえず、痣だらけのAさんを見た夜、私は喘息発作が出てしまい、ドクターストップがかかった。そのため、退職を余儀なくされた。

いま、Aさんはやっとそのグループホームを退所できたという。胸の痛みとともに、彼女と過ごした日々の記憶をたどっていくと、そこから母と私との遠い記憶が呼び覚まされていく……。

2008年　秋

「こんなにいい娘と孫を持って、私は最高に幸せよ」

2008年の秋。母が私に向かっていった言葉だ。このときの母は74歳。初めてと言っていいような、母からの肯定的な言葉だった。母は統合失調症。医療につながり服薬し始めて、3年半が経過した頃だった。医療につながる直前の真夏には、母から「大家がうちの電話に盗聴器を仕掛けている」「隣のクーラーの音がうるさい」「隣の換気扇の音が響いて眠れない」という電話が毎日かかってきた。高校生だった息子が飛んでいっては対応してくれた。だが私は、当時は母との関係が悪く、距離を置いていた。

私の母は1934年生まれ。3歳で実母を亡くし、親戚や継母に虐待されながら生き延びてきた人だ。成人し就職してからも、すぐに雇用主からレイプされ、その雇用主のストーカー行為から助けた私の父と結婚した。しかしその父からも、ドメスティック・バイオレンスを受けていた。私がまだ2歳のとき、「ママを殴っちゃダメー！」と言って父の暴力を阻止したと母は言う。私は記憶にない。

私の父は考古学が好きな研究者タイプで、人に使われるのを嫌って小さい会社を経営していた。だが、経営能力もなく、借金だらけだった。経済力のない父に頼っていたら私を育てられないと、母は産後一週間から医師である私の祖父の診療所を手伝った。私が生まれた1962年当時、1日200人も患者が来る診療所だったという。経済的に苦しい人からは診療費をとらない祖父を、母は無資格で支え続けた。

しかし母が働けば働くほど、私の父はお金をいれなくなり、やがて私が思春期に差し掛かる頃、シングルマザーの愛人をつくって貢いだ。さらに母は継母からの嫌がらせと私の父との葛藤、昼夜を問わない診療所の激務のなか、精神状態が悪化し睡眠障害となった。40代前半で精神安定剤を1回に10錠、20錠と飲むようになる。安定剤が効かなくなると、今度は強い睡眠薬を大量に飲み始めた。いま思えば完全な薬物依存だが、自宅が診療所だから、薬は飲み放題だった。

私の叔父（母にとっては10歳年下の腹違いの弟）が統合失調症で、長期入院していた。そのせいなのか、彼女は自分の病気に向き合わなかった。叔父は3歳になる前に実母（母にとっては継母）が失踪していた。その叔父をまだ少女だった母が学業に支障をきたしながら育てたという。十分な養育を受けられなかった叔父は20歳で交通事故に遭い、それがきっかけで統合失調症を発症したという。

近い血縁者にふたりも発症者がいたため、「自分も統合失調症になるかもしれない」と思い、私が読んだ統合失調症の本には、幼少期に両親の離婚や死別などで、十分な養育がされていない人の発症が圧倒的に多いとあった。しかし、そんな理論に触れるチャンスがなかった母は、「弟は私と母親が違う。あれは母方の血だ。うちには精神病の血は流れていない」というのが口癖だった。

働き詰めの母から養育を受けられなかった私は、2歳くらいまでミシンに紐でつながれていた。ミルクも抱いてではなく、座布団を折り畳み、そこに哺乳瓶を斜めに置いて与えられていたそうだ。窒息しないですんだのは奇跡に近い。3歳くらいになるとミシンにつなげなくなり、活発だった私は年がら年中階段から転げ落ち、交通事故にも遭った。そしてネグレクトされていた私は、ひとりで外に出ては遊んでいたため、性被害にも遭った。それでも母は患者さん優先だった。

そんな母を見ていた私は3歳からお米を研ぎ、洗濯機を回し、薪で炊く風呂を沸かそうとして火傷をした。母を助けようとして台所に椅子を置き、小さな手で米を研いでいる自分の姿が記憶にある。

そして私は14歳で再び性被害に遭い、鬱状態になっていく。高校に入ると、低血圧と診断され、朝起きられないと、母から殴られ無理やり学校に行かされた。やっと高校を卒業し、奇跡的に大学にも入れたが、また立て続けて性被害に遭った。だが、もう母には言わなかった。母は幼少期から私が被害に遭うと、私のいる目の前で患者さんや知り合いにその被害を話してしまう人だった。母による二次被害が酷かった。

1980年代、私は心身ともにぼろぼろだった。初めて鍼灸治療を受けたとき、「まだ20歳なのに、なんでこんなに酷い身体なの?」と著名な鍼灸師から驚かれ、自分の身体を癒すために鍼灸学校に行くよう勧められた。毎週、治療を受けながら、やっと生きていた。

私が夜間の鍼灸学校に入学した23歳のとき、母は実父（私の祖父）と継母との関係が悪化し、家出して病院や在宅の付き添い婦になった。無資格だったが祖父の診療所で働いていた母は仕事ができたので、途切れなく仕事はもらえた。

一方、私は25歳で知り合った男性とのあいだに息子を妊娠。婚姻制度には反対だったが、まわりの圧力に負けて、仕方なく婚姻届を出し、出産した。しかし、息子の父にもまた経済力がなく、私はドメスティック・バイオレンスを受け、産後5カ月で離婚。息子を連れて、母子寮（現在の母子生活支援施設）に入り、妊娠前からしていたヘルパーの仕事と、作文の添削のダブルワークで息子を育てた。母子寮には風呂も湯沸し器もなく、携帯電話もない時代で、自室に電話を引くことも許されなかった。

母は孫の誕生を喜んだが、私との関係は悪化の一途だった。父が愛人に貢いだ借金と母の借金の取り立てが、23歳から始まり、借金取りが私のアパートにまで押し掛けてきて、30代後半まで苦しんだからだ。父も母もなんら対処してくれなかった。母には私の知り合いの弁護士を紹介したが、母の対応が悪く、弁護士からも匙を投げられた。

両親の借金取りに苦しむ私を助けてくれたのは、女性解放運動に関わるなかで出逢ったウーマンリブの女性たちだった。彼女たちとの出逢いと愛がなければ、私はいま生きていただろうか……。心底、そう思う。

息子が4歳になった1992年。30歳の私は正規の介護職員として安定した職を得ることができた。だが、安心した途端、肺炎から心身の不調が悪化。全く起き上がれなくなった。当時付き合っていた人に勧められ、精神科を受診すると「鬱状態です。でも状態であって、内因性の鬱病ではありません」と診断された。しかし母は「あんたは精神病じゃない！」と私の苦しさも受け入れてはくれず、「私が30代のときには寝ないで働いた！」と言って何回も罵倒された。

休職を繰り返し、闘病を続けていた1999年初夏。母が私の生きざまをさらに否定するような言葉を投げつけてきた。私はそんな母から逃げるため、正規職員の仕事を辞め、息子を連れて引っ越しをし、再婚。2年間、母の前から失踪した。そうしなければ私が生き延びられなかった。息子も拒食状態で、私たちは生死の極限状況にいた。限界だった。

2001年秋。いきなり母から電話があった。生命保険会社から私の連絡先を探りあてたのだ。しかし、それからも紆余曲折とさまざまなバトルがあり、いつも息子が調停に入るという有り様だった。

私は2001年の師走に友人から紹介されたセルフヘルプ・ミーティングで、自分の人生と向き合う意味を見出だした。当時の私と息子は再婚相手からの経済的、精神的なドメスティック・バイオレンスに苦しんでいた。年が明けて、2002年の初めに出逢ったホームレス支援団体のソーシャルワーカーの助けで、シェルターに入り、再婚を解消することができた。2002年、セルフヘルプ・ミーティングの仲間の紹介で力あるカウンセラーに出逢った。月に1回のカウンセリング、セルフヘルプ・ミーティング、鍼灸治療の3本立てで、恢復のため全力で自分と向き合った。

一方、母は私がいくら勧めても精神科には行かず、内科で睡眠導入剤をもらって凌いでいた。内科の医師が睡眠薬そのものに否定的な発言をしたことがきっかけで、母の被害妄想や知覚過敏が悪化していった。長年、母のことを相談していた精神科医の友人から、「たぶん、お母さんは統合失調症か、強度の不安神経症ではないかと思います」と言われていた。

2004年の夏、母が「大家が盗聴器を仕掛けている」と言い始めたとき、「ここに良さそうな心療内科があるよ。気が向いたら行ってみたら？」とクリニックの場所だけ教えて、様子をみた。翌週、「あのクリニックに行ってきた。優しい先生だった。よく話を聞いてくれたし……」と電話があった。

私は、すぐにクリニックに連絡して母を診察した医師に「母が、先生は優しくて良かった。

通院を続けたい、と話しています。ちなみに母は、『大家から盗聴器を仕掛けられている』と先生に話しましたか？」と伝えた。医師は絶句した。「私には精神科医の友人がいて、ずっと母の相談をしていますが、母はメジャートランキライザーでないと効かないだろうとアドバイスされています。病気になるのが当たり前の苦労してきた人なので、どうかよろしくお願い致します」と伝えた。母が言うように良い医師だった。「わかりました。薬を変えます。また何かあれば、すぐに連絡をください」と対応してくれた。そして、薬を変えて1週間。母は別人のように変化した。薬が見事に効いたのだ。本人も楽になったと喜んだ。

受診して2年ほど経って医師に久しぶりに連絡し、「母の病気はなんでしょうか？」と尋ねた。「統合失調症だと思います。40代で発症していた可能性が高い。ただ小さな頃、虐待されているならばPTSD的なものがこじれて統合失調症になった可能性が高いかもしれませんね……」とのことだった。乳児期に実母を亡くし、親戚や継母に虐待され、性暴力やドメスティック・バイオレンスにも遭った彼女が、病気になるのは当然だった。だが母が精神科受診を拒否したのは、社会的な偏見があまりにも強かったからだろう。

2007年のクリスマスイブ。私は、母が好きなイタリアンレストランに誘った。天使という意味の「アンジェリカ」というピンクのチューリップと、グリーンのカーネーションを花束にしてプレゼントした。前なら「花なんかに金を使うな」と言って拒否した母。だが、「まあ、きれい。ありがとう」と喜んでいた。

欠けた茶碗を使っていたので、敬老の日には、京都の作家の茶碗をプレゼントした。「あの茶碗どう?」と電話すると「軽いし、ご飯がとても美味しいよ。ありがとうね」と返事があった。主治医によれば、母に処方しているのは、ほんのちょっとの薬だった。

母が精神科につながって穏やかになり始めた頃、新宿のホームレス支援の夏祭りで出会った猫のRも家族に加わった。死にかけてぼろぼろだったが、なぜか私に抱きついてきた。見棄てられなかった。

生きたいよ!

幸せになりたいよ!

そうやって、誰かの胸に飛び込んでいく勇気。それは決して弱さではない。どんな困難があっても、他者を信頼する勇気さえあれば、いのちは必ず生き延びていける。

人であっても……。

そして、猫であっても……。

２０１０年　秋

母はこの年、病状が再燃し、私への攻撃が再開した。再燃した理由は私に恋人ができたからだった（その関係はすぐに終わったが……）。

母は自室で転倒し、死にかけた。そしていのちがけで、私に介護することを要求してきた。私は血尿を出し、とても在宅の母を支えられる状態になかった。本人の強い希望もあり施設に入所した。だが入所時、主治医が作成した診療情報提供書には「統合失調症」と書かれなかった。たぶん受け入れ先がなくなるのを怖れた主治医の配慮だと思う。以来、メジャートランキライザーは中止され、母の私への攻撃性は継続したままだ。

母と私の平穏な時間はわずか5年で終わった。施設入所で主治医は訪問医療の医師に代わった。母の精神状態の改善のため、施設の職員を通して、医師に何度も何度も要望したが、怒りや興奮を抑える薬は必要ないと処方されなかった。転倒リスクのない認知症高齢者によく使われる漢方薬（抑肝散）すら処方してもらえなかった。

２０１９年秋。母の医療機関が変わり、新しい医療機関には心療内科があることがわかった。私は心療内科の看護師に母の病名や攻撃性のことを伝え、薬の処方を検討して欲しいと要望した。母が穏やかだった5年間。私も幸せだった。再び母の心が「私は最高に幸せ」という思いに満ちて、人生の最期を迎えて欲しい。

2020年　早春

私が10~20歳くらいまで、医師の祖父と母は、たらい回しにあっている救急車を毎晩のように受け入れていた。診療所だが、ベッドが10床あったので、他の病院で拒否されたホームレスの人たちも受け入れていた。夜中になると、遠くから近づいてくる救急サイレンの音で目覚めた。

祖父と母が人のいのちを助け続けたこと。その魂は、私に引き継がれ、我が家は母~私~息子と親子三代、ケアワーカーとして生きてきた。13歳くらいから弟を育てた母は、患者のいのちを懸命に救う人になった。私が病を抱えながら働く母を支えてきたように、息子もまた闘病しながら働く私を助け、いまも励まし続けてくれている。

幼少期から他者のケアをする母を支えてきたヤングケアラーの私と息子は、ごく自然にケアワーカーを生業にした。「ヤングケアラーの連鎖」とも言える私たち家族の歴史。だが、私たちのそれは虐待や貧困の連鎖とは違う。

確かに、私の人生は、受難の連続だった。Passionには、「情熱」以外に、「受難」、「受苦」という意味がある。私が10代から出逢ったさまざまな困難を抱えた当事者……ハンセン病、ホームレス、被災者、高齢者、障害者、そして「支援者」の仲間たち……そんな人びとに出逢うなかで、私の中の受難は、いつしか他者に向き合うための共感や、ともに生きるための協同のエネルギーへと変わっていった。

「支援者」には、私のように何らかの暴力被害に遭った経験者が非常に多い。私の仲間たちの多くが、苦難の人生を懸命に生きながら、現場を必死に支えている。だが、自分自身のトラウマに真摯に向き合わず、癒す努力もせず、無自覚に他者の「支援」をしようとすれば、「支援」は支配や暴力に変わる可能性がある。もちろん、私にも常にその危険性があると自覚し、「現場」に身を置く努力をしている。

私がこのプロローグで自身の被害を自己開示したのは、同じような経験をした人びとがたくさんいると思うからだ。そんな人びとに、私の祈りが届くことを祈ってやまない。

いま私は、私を満たし、豊かにしている想いの糸を、ゆるやかに、やさしく、紡いでいきたい。

1章　かけがえのない記憶の結晶

何もしない、ということ　2013年2月

Aさんと初めて会ったのは、昨年9月頃。残暑が厳しい日だった。彼は80代前半の認知症の高齢男性。他のデイサービスでは帰宅願望や拒否が強く暴言もあり、いわゆる「処遇困難ケース」と見なされていた。

その日、私の勤務先のデイサービスに来たときも、車から降り、玄関先で靴を脱ぐなり、Aさんは怒りの表情を露わにしていた。私は他の利用者がいないフロアにAさんを誘い、一緒にソファに座った。だが彼は「なんでこんなところに、ずっと俺はいなきゃいけないんだ！」と怒り続ける。なだめる言葉も見つからず、私はただ苦笑いしかできない。

初日、私ができたのは「私がもし無理やり、デイサービスに行くように言われて『風船バレー』とかやらされたら、きっと嫌だろうなぁ……」と考えながら沈黙し、隣に座っていることだけだった。やがて、Aさんが眠そうに見えたので、静養室から枕とタオルケットを持ってきて横になっていただいた。小一時間ほどお昼寝をしたら、Aさんはだいぶ穏やかな表情になっていた。

2回目の通所からは、別人のように食事も普通に食べ、スタッフが特に働きかけをしなくても、利用者の輪に自然にす〜っと入っていった。

施設長からは「白崎さん、いったいどんなケアをしたの?」と聞かれた。だが私は「う〜ん、何にもしなかったのよ。何していいか、わからなくて当惑していただけかな」と答えた。そのときから5カ月経ったいま。振り返るに、私は

「何もしないという行為」をしたのかもしれないと思った。

そして20歳のとき、マックス・ピカートの『沈黙の世界』(みすず書房)という本を読んだ記憶が甦った。中身はほとんど忘れたが、沈黙の意義を語っていた哲学書だった。時と場合によっては、空疎な声かけより、ただ黙って寄り添うのがいいときもあるのかもしれない……と感じた。そして、そういった沈黙は、もし叶うなら利用者への慈しみや尊敬の念から、自然に生まれ出たものがベストだろうと思う。

25年前、重い認知症の女性がデイサービスでの風船バレーで「こんな幼稚園みたいなこと、やってられっか!」と激怒し、椅子をぶん投げたことがあった。私はそんな彼女に、将来の自分の姿を見ていた。むしろ、認知症のない利用者のほうがスタッフに気を遣い、気の進まないレクリエーションでも、つきあってくれていた。

元教師の女性利用者から「私はゆっくりしたいのに、なんでこんな騒ぎにつきあわなきゃならないの?」と、言われたこともあった。だが、現場は人手不足でなかなか個別対応ができない。ただ、利用者の尊厳を傷つけないようなレクリエーションは、可能だ。

それは、支援する側の私たちが、利用者を尊敬し、レクリエーションの内容を利用者と相談しながら、ともにレクリエーションの時間をつくるという協同の意識があれば可能なのではないか、と思っている。

どっちがケアされる側？　2013年3月

20代半ばからケアワーカーをやっていると、稀に「利用者」と「支援者」という垣根を越えた珠玉の出逢いがある。そういった出逢いがあると「やっぱり、この仕事は辞められない！」と、現場があることに心から感謝する。

最近、勤務先で出逢った80代前半のBさん。彼女との出逢いもかけがえのないものだ。Bさんは夫からのDV被害を乗り越え、シングルマザーでお子さんたちを育てあげたサバイバー（施設長談）。想像を絶するようなご苦労をされたと思うのだが、そんなことは微塵も感じさせない。いつも柔らかな空気を身にまとい、穏やかな笑顔で佇んでいる。

彼女が笑顔で座っているだけで場の空気が自然となごむ。その空気感に他の利用者も感化され、まったりとした時間が流れていく。Bさんにはみんなをリラックスさせようという力みも作為もないので、その自然さが実に心地よく、ケアワーカー側も非常に助けられている。先日、初めてBさんの入浴介助をさせていただいた。「ここに来るとお風呂に入れていただけるから、本当に楽しみなのよ」と喜びの言葉をたくさん投げてくださった。

私たちは「ありがとう」と言われるために仕事をしている訳ではない。だが、ケアワーカーとて人間。介護ロボットではないのだから、利用者が喜んでくださることが「元気の素」なのだ。社会的地位も、報酬も低い介護職にとって、利用者に喜んでいただけることは、歌手が観客から受ける拍手喝采みたいなものなのかもしれない。社会が私たちのケアの奥深さや意義をちゃんと理解せず、女性労働の問題が凝縮している介護職だからこそ、利用者との関係くらいは、いい状態であって欲しい。

身体機能が落ち、認知症になっても、その存在や何気ない言葉かけでケアワーカーを励ましてくれる利用者もいる。いまの職場にはそういった利用者が非常に多く、私は働くのが楽しい。ときに、何気ない一言が魂の奥深いところにまで到達し、癒され、勇気づけられる。そういった瞬間はあまりに感動的なので、思わず「どっちが利用者さんだかわからないですね」とため息まじりに言ってしまったこともある。

利用者には一方的にケアされるのではなく、人生の先輩としてケアワーカーの役に立ちたいと思っている人が多い。かなり重度の認知症の方でも、私たちを助けようと「何か手伝うことある？」と声をかけてくださる。いただくアドバイスは、人生やキャリアから生み出された的確なものであることが多い。仕事に関して、本質をついたアドバイスをしてくれる認知症の方もたくさんいる。なので、私は利用者に相談することも多い。

私はBさんの若い頃を知らない。だが、老後に彼女のような品性を獲得するには、現在をどう生きていくのか……ご指南を受けたくなる。

人生の先輩の彼女から、彼女の人生の賜のお裾分けをしていただきたいと思うのだ。

優しさに触れた春の日　２０１３年５月

勤務先のデイサービスで日曜日もデイが始まった。「日曜日は外出支援」という施設長の方針で、初日から３人の利用者と車でお出かけ。

車中、私は目指す公園のすぐ近くにあった喫茶店を思い出し「車椅子の方がいますが、いいですか?」と飛び込みで入店。喫茶店のマスターが「うちはそういったお客様こそ、大歓迎です!」と常連客まで巻き込んでテーブルと椅子を外に出し、車椅子席をつくってくれた。食事介助が必要な利用者のために、メニューにはないリゾットまでつくってくれる大サービス。小さい店だからできる柔軟な対応だった。

その日、私は助けてくれたお客さんや、歓迎してくれた店主に「ありがとうございます」と何回言ったことだろう。「ありがとう」という言葉をたくさん口に出すと、心が豊かになると実感した。そして、高齢者が増えるこれからの社会、飲食店には常連客をも巻き込む対応が必要だと痛感する。

日曜日のデイサービスには、常連の80代の女性Cさんが通所している。彼女は認知症で、住み慣れた家を離れたがらず、ひとり暮らし。昨年夏に出逢った頃は、訪問介護ヘルパーも拒否し「処遇困難ケース」と呼ばれていた。私もよく罵声を浴びせかけられたが、いまは毎日デイサービスに来て、食事を2食摂り、入浴もするようになって、格段に落ち着いた。

そんなCさんと、春の公園を散歩する。お花が綺麗なところで他の利用者とツーショット撮影。春の風が心地よく、仕事であることを忘れるくらい散策を楽しんだ。すると、日頃は触られるのを嫌うCさんが、私に手をつないできたのだ！　友人でもある施設長に「Cさんが手をつないでくれたよ！」と言うと、友人も目を見張る。

私は、時折彼女の中に垣間見える優しさを知っていた。だから罵声を浴びせかけられても持ちこたえられた。またCさんの苛立ちの原因もだんだんわかってきた。彼女は利用者が多い曜日、スタッフがバタバタしていると、てきめんに苛立った。

デイサービスは日によって利用者とスタッフの顔ぶれが変わる。同じデイサービスかと思うくらいに曜日で雰囲気が違う。穏やかでまったりとした曜日もあれば、賑やかな曜日もある。利用者とスタッフの化学反応でつくり出す雰囲気は面白さに満ちている。だが、Cさんは雰囲気の影響を受けやすい繊細な人なのだと思う。

日曜デイの2回目、別の公園を散歩していたとき、Cさんは車椅子の利用者が寒くないよう服を直してくれ、小さい子どもを見る瞳は慈愛に満ちていた。Cさんの本質は優しさなんだな……としみじみ思う。彼女の本質を早い段階で信じ、彼女を嫌いにならないでよかった。自分のケアには利用者への愛情が必要だと思っているから。

時間をかけて利用者とつくってきた信頼関係は、かけがえがない。過去に出逢った利用者の魂と思い出は、私の記憶の中でずっと生き続けていく。

シングルマザー事情　２０１３年６月

『ベーシックインカムとジェンダー』（現代書館）の出版がきっかけで紹介された、年に一度のM大学での非常勤講師。テーマは『ひとり親』だ。「平成23年度全国母子世帯等調査結果」（厚生労働省）をチェックし、苦手な統計数字をにらみながら、当事者たちの生活実態をイメージ。シングルマザーの有する資格の2位がホームヘルパー（13％）という数字に目が釘づけになる。介護福祉士の5・4％を合わせると2割近い資格保持者。どれくらいのシングルマザーがヘルパーとして働いていて、どんな暮らしをし、どんな気持ちなのだろう……と気になった。

私の勤務先のデイサービスにはシングルマザーはたぶん私しかいない（熟年離婚した非常勤スタッフはいる）。90年代、職場はシングルマザーばかりだった。

介護保険制度導入以降、非正規化が進み、労働法の「改正」もあってか、いまの職場でも週1日や2日といった社会保険適用外の非正規職員が多い。シフトが別の非正規職員とは会うことがないため、連絡先もわからない。そこで私はケアワーカー、元ケアワーカー、介護労働問題に取り組むユニオン関係者、DV支援者などに介護現場におけるシングルマザー比率について取材を行った。

ある訪問介護事業所では、常勤4人のうち2人がシングルマザー。うち1人はヘルパー資格を取った理由が離婚するためだという（DV被害者ではと推察）。利用者との親密な関係を生み出すケアワークが、シングルマザーにとっては

「シェルター」的な意味合いがあることを感じさせた。

介護業界で20年生きてきた知人は、現場にはシングルマザーが多いと言う。「子育てで奮闘するなか、何か資格を取って生きていこうと考えたとき、お金と時間が比較的かからず、『人の役に立つ仕事』という理由で介護職を選ぶ当事者が多かったように思う」と教えてくれた。子どもから「お母さん、頑張ってね」と励まされるから……というエピソードは、心に沁みた。

2009年に『介護労働を生きる』(現代書館)を出版したとき、当時21歳の一人息子が「いままで散々下積みで苦労してきたんだから、これからは好きなことをやりな。金は俺が稼いでくるから」と言った。

昨年、私はデイサービスの非常勤スタッフの傍ら、仲間たちと福島原発告訴団・関東事務局を立ち上げ、10月からはデイサービスを休職して事務局を担った。家事はケアワーカーの息子任せ。私のパンツまで洗う徹底的なシャドウワークで告訴団の運動を支え続けた息子の支援は、私にとって究極の「お母さん、頑張ってね」だった。

私が長年取り組んだホームレス支援や、告訴団の事務局や支援者にもケアワーカーが多い。低賃金で過酷な労働を強いられながらも、他者の痛みに寄り添おうとするケアワーカー。かけがえのない仲間たちの素晴らしさ、特にシングルマザーのケアワーカーの真摯な生きざまを私はもっと社会に知らしめる使命がある……今回の取材で、改めてそう決意した。

心のバリアフリー　2013年7月

「研修で『障害者支援施設に入居する利用者に、トーストしたパンを食べてもらうかどうか』という話になった。その際『トーストは贅沢だ』という意見がある一方、『食べてもらっていない施設があるのか?』という驚きの声もあった。多くの施設では、トーストを出すと、焼いていないものと比べ、明らかに残食が減るという。

自分は当たり前のように、トーストしたパンも、そうでないパンも普段の生活の中で食べているが、トーストしたパンを一生食べられない利用者がいるのかもしれない、ということに気づいた」

障害者支援施設の新人職員から聞いた話だ。自分にとっては何気ない「日常」が、施設に入所する障害者には「日常」ではない。

歩行が困難な高齢者の外出もまた、「日常」になり得ない現状だ。超高齢社会にもかかわらず、ケアワーカーが介助しても、歩行が困難な利用者が外食するのは一苦労だ。

障害者割引がある美術館のレストランでもエレベーターが不便だったり、受付スタッフの配慮がなかったりする。

あるレストランでは、入口が自動ドアでなかったため、同伴していた認知症の利用者にドアを押さえてもらって、車椅子の利用者を入店させたことがあった。私たちが入口で立ち往生していても、他のお客さんたちは見て見ぬ振りで通り過ぎていく。ちなみに、その店には、車椅子対応の広いトイレはあった。

他の利用者のサポートがないと入店すら困難

という事態に、改めてバリアフリーとは何だろうかと考えた。

トイレが車椅子対応になっていても、スタッフや他の客が全く手を貸してくれない場所を「バリアフリー」とは呼びたくない。店のスタッフや客のサポートがあれば、店内がバリアだらけでも、それがバリアでなくなることも経験しているからだ。

私の利用している最寄りの駅にある駅ビル、デパートのトイレ、レストランは全てバリアフリーだ。にもかかわらず、車椅子の高齢者や障害者がレストランで食事をしている風景にはなかなか出逢えない。

介護保険でも給付抑制のため、散歩は保険対象外となった。高齢者を閉じ込めておく制度は、人の心をバリアフリーにはしていかないだろう。高齢者や障害者と街で出逢い、手を貸していくことで、当たり前のことが、当たり前でないと気づかされる。

制度改革は、私たちの心や意識がバリアフリーにならないと進まない。制度は私たちの意識が反映されるものなのだから。

私と「猫力」　２０１３年10月

猫をこよなく愛する「猫族」の私は、同僚にも指摘されるほど「猫族」の利用者を呼ぶ。長年高齢者介護を生業にしてきたが、なぜか猫好きの女性利用者と縁が深い。

初夏、勤務先のデイサービスで出逢ったEさんもそんなひとりだ。飼い猫の話題になったので、私は手帳にいつも入れている我が家のデブ猫・Rの写真を見せた。「あら、うちの子に模様がそっくり！」と、大いに話が盛り上がり、楽しいひとときを過ごした。

翌週、Eさんは携帯電話の中の写真をたくさん見せてくださった。猫と一緒に室内犬も飼っていて、猫と犬が顔を擦りつけ、抱き合って寝ている写真なども……。「やだぁ、すごく可愛い！　一緒に暮らしていると仲良しになっちゃうんですねぇ～」と話がはずむ。

夏の間、シフトの関係でしばらくEさんに会えなかった。久しぶりに会えると思った勤務日、私はEさんに見せようと『猫カフェ』という写真集を持参した。体調を崩し、しばらくデイサービスをお休みしていたEさんは、回復せずデイサービスを退所していた。彼女との猫談義を楽しみにしていたのに、寂しかった。

後からわかったことだが、猫の話をしていた私とはウマが合ったEさん、実は気難しい利用者だったようだ。たまたま私には「猫力」が働き、リラックスして関わることができたらしい。

Eさんに見てもらえなかった猫の写真集を、常勤の男性スタッフが楽しそうに見ていた。彼も「猫族」だとわかって、一気に緊張がほぐれる。彼はまだ若いが、新規立ち上げの施設長候補だ。「施設長になったら、ぜひ私を呼んでくださいよ〜。猫の写真集や本を持って駆けつけますから！」「はい、ぜひぜひ！」と、リラックスした会話になるのは「猫力」のお陰。

スタッフ同士、特に上司と部下がリラックスしていたほうがチームワークが良くなり、事故やトラブルも少なく、うまく回る。かつて、私とうまくいっていた上司はワガママな『猫族』が多かった。そんな上司とは議論で対立しても、猫の話題になるとすぐにリラックスできた。だから、遠慮なく忌憚ない議論ができた。

酷暑だった夏が嘘のように、ひんやりとした空気が漂う初秋。我が家で、大の字に寝そべっているデブ猫・Rのお腹を撫でながら、猫とともに生きていた女性たちを、一人ひとり懐かしむ。

高齢者のサポートは、お別れの連続だ。かつて30代後半に私が担当していたひとり暮らしの高齢女性たち。その孤独に深く寄り添っていた猫たちはいま、とっくに天国に逝ってしまっただろう。天国で猫たちと再会して、楽しんでいて欲しい……。

いつか私が再会できる、その日まで。

母なるものを越えて　２０１４年２月

「あなたはよく働くから、身体に気をつけてね。頑張ってね」

昨年末、大好きなSさんから言われた一言に思わず、目頭が熱くなった。Sさんは、勤務先のデイサービスを利用している80歳の女性。彼女に「私の母も同じ年なんですよ」と話したのがきっかけで、Sさんから不慮の事故で流産し、以来妊娠できない身体になったと聞いた。もし流産していなければ、私くらいのお子さんがいたはずだと。

「だったら、私を娘のようなものだと思ってくださいね」と伝えた。すると「まあ、嬉しい！私に今日から娘ができた！　娘ができた！」と手を叩いて喜んでくださった。

以来、仕事がしんどくても、プライベートで嫌なことがあっても、彼女の顔を見るとほっとして、頑張ろうという気になった。

知的障害者の支援をしている息子に話したら、「そういった利用者さんがひとりでもいると、仕事の辛さはずいぶん違うよね」と言われた。

今年初めてのSさんの通所日の入浴介助中、何を思ったのかSさんは「あなたが大変なときには、私が助けるから、あなたも私を助けてね」とおっしゃった。

年末に実母とケンカした私は、「この人がお母さんだったら、ホントにいいのになぁ」と本気で思った。だけど、きっと「お母さんを大切にしなさいね」とおっしゃるだろうと思い、実母とのケンカについては黙っていた。

血のつながらないSさんの言葉は慈雨のよう

に心にしみた。私たちケアワーカーに「迷惑かけて悪いわね」とか「何か手伝いましょうか」と利用者が声をかけてくれることはよくある。だが「大変なときには、私が助ける」という言葉は、初めて言われたように思う。それは壮年期の私たちですら、なかなか言えない言葉なのではないだろうか。

介護保険の理念が理解できず、施設やデイサービスを「姥捨て山」のように認識している利用者もいるなかで、Sさんの認識は極めて稀だ。そこには相互扶助の精神がある。ただ助けられる存在としてではなく、80歳になっても、まだ自分が他者を助ける力があるという自己信頼がある。排泄や入浴でケアワーカーに手助けしてもらっても、Sさんは精神的に誰かを助ける力があると自分を信頼している。それこそが自律であり、実に爽やかなのだ。

Sさんのような自律的な高齢者の介護には、精神的な負担は全く感じない。天命を最期まで全うしようとしている人と「ともに生きている」という感覚がある。そこには相手を支配したり、侵入したりし合わない、信頼と愛がある。そういった関係を利用者とつくるのはたやすいことではないけれど、Sさんに助けられながら、他の利用者とも、穏やかで柔らかな関係を紡いでいきたい。

そう心から思う、新春のできごとだった。

いつか桜が咲く日まで　２０１４年３月

大雪被害が甚大だった2月。障害者を支援する法人の介助者たちが結成した、F労働組合（以下、F労組）の結成1年目の定期大会に参加した。組合員とは昨年の夏に出逢い、３団体合同で厚生労働省意見交換会も行った。

私は20～30代の若い介助者たちが使用者側からの弾圧に苦しみながら闘う姿に感銘を受け、応援してきた。大会当日、応援スピーチをするため、雪の影響で悪化した足（靭帯損傷）を引きずり駆けつけた。

忌憚ない議論、大爆笑しながらのやり取り、少人数だが熱気に満ちた本当に楽しい大会だった。かつてさまざまな労働運動の集まりに講師で呼ばれ、参加もしてきたが、こんなに楽しいひとときは生まれて初めてだった。拙著を読み労働組合を結成したというF労組のメンバーと出逢い、著書に込めた私の魂が、多少なりとも継承されている幸せを実感した。

一人ひとりの生きざまに触れ、大爆笑していたら、いつの間にか足の痛みが消えていた。心を許し、共感できる仲間とともに在ることの幸せは、最大の「癒しの力」。二次会後、上部団体の女性の書記長Gさんと最終電車に飛び乗った。私がF労組への弾圧を心配していたら、「弾圧も多少はあったほうがいいのよ。強くなれるから……」と。その「……」に、筋金入りの女性労働運動家Gさんの、深い愛を感じた。

本当の強さ……私は「靭さ」という字で表現したいのだが、それは、彼女が言うように辛い経験を糧にして身につけていくものかもしれない。F労組のメンバーが弾圧に負けない真の「靭さ」を獲得する力があると信頼すること。それが、いまの私ができる一番の応援だと気づいた。

F労組は正規職員の既得権を守るためでなく、非正規職員の劣悪な労働条件改善のために闘っている。また何よりも障害者の自立と解放を願い「ともに生きる」ため、障害者運動とつながりながら労働運動を展開している。残念ながら、使用者側は障害者運動に寄り添うF労組の真意を理解しない。

だが、労働基準法が遵守されている正規職員の執行委員たちが、通勤手当もなく夜勤手当も正規の3分の1の非正規職員のために、身体を張って闘っている。その不屈の魂は、誰もが持ち得るものではない。既得権にあぐらをかき、原発すら推進し、非正規労働者を無視している巨大労組のオヤジたちに、見習ってもらいたいと強く思う。

これからもF労組には、困難や逆境が待ち受けているだろう。だが桜は寒い冬を耐え、春の訪れを静かに待ち、一斉に開花する。F労組の闘いも、いつかきっと、花開く。

いつも、どんなときでも、その花開く瞬間を信じ、全身全霊で祈り続けたい私である。

家事労働は「下働き」？　２０１４年４月

「茶碗洗いやトイレ掃除とか下働きばかりさせられて、私はもっとレクリエーションや利用者さんとお話がしたいのに！」

新人スタッフ須田さん（仮名）の発言に、私は絶句した。60代の彼女は介護の仕事は初めてだが、介護現場で必要不可欠な仕事を「下働き」と言った。私は、自分が長いこと従事してきた仕事を侮辱されたように感じた。

介護労働はトイレ掃除に始まり、トイレ掃除に終わる。20年前、訪問した利用者宅のトイレ掃除をしようとした私は、便器の中に菓子パンが袋のまま突っ込んであるのを見つけ、利用者が認知症であることを発見したからだ。

短時間の訪問だと、独居の利用者の認知症はなかなかわからない。尿取りパッドをトイレに流してしまい、詰まらせてしまう利用者もよくいる。排便や排尿の状態を観察することも、利用者の健康状態を知る上で重要な仕事で、ベテランの介護スタッフならばトイレ掃除を「下働き」などとは決して言わない（看護師であっても……）。

ただ、その「下働き」発言にもあるように、女性にすら内面化されている家事労働への差別は、介護労働の低賃金と人手不足の原因となっている。介護保険導入以降、利用者の重度化、仕事のキツさは年々増してはいても、賃金は横ばいか、むしろ下がっている。介護労働は低賃金の展望なき「下働き」と見なされ、人手不足は一向に解消されない。

女性運動やフェミニズムの中でも、介護や家事労働は長年、議論の中心にはなってこなかったのではないだろうか。家事労働は人が生きていく上で必要不可欠であるにもかかわらず、価値が低く見られ、不当に安く買い叩かれてきた。介護には女性労働の根幹的な問題が凝縮しているが、女性ケアワーカーが発言する機会は非常に少ない。

介護労働と同様に、シングルマザーとセクシャル・マイノリティの問題も女性問題の中心課題にはなってこなかった。シングルマザーだけでなく、セクシャル・マイノリティが介護現場には多いという実感があるが、決して偶然ではないのではないか。介護労働は国や自治体から、失業対策事業として位置づけられてはいるが、その思惑とは別な位相で、いまの社会で生きるのが困難な人びとが、喜びや居場所を見つけやすいという肯定的な側面もあるからだ。

だが、「美人でご主人もいい会社に勤めているのに、なんで介護なんてやっているんだろう、っていう人がたまにいますよね」と言われて絶句したこともある。介護は「魅力がない貧乏な女がやる仕事」というイメージが一般的なのだろうか？　その発言をした女性はいわゆる「経済弱者」だったが「介護だけはしたくない」と言っていた。

私が出逢ってきたケアワーカーの仲間たちは、身体を張って現場を支える素敵な女性たちだ。人のいのちと心に寄り添うケアワーカー。その懸命な努力、普遍的な価値をきちんと社会化してゆきたい。

笑顔、いのちの輝き　２０１４年６月

「あなた、笑顔が本当に素敵ね。お母さんみたい」——。自宅に近い有料老人ホームに転職して1カ月。80代の女性利用者からかけられた言葉だ。3カ月の嵐のような日々に、希望の虹を見るような思いがした。

2月末、2年近く勤務した小規模デイサービスで正社員からのパワハラ&セクハラ被害を受けた。チック症状と睡眠障害が出て、心療内科医から「ストレス外傷」と診断された。経済的保障がなかった私は、すぐにグループホームに転職。だが、そこでも60代の非常勤男性からパワハラ被害を受け、退職を余儀なくされた。この3カ月は、激動の日々だった。

4月末、精神保健福祉士の友人から、彼女が主催する「笑いヨガ」を紹介された。2カ所の職場で立て続けにパワハラに遭った私は、身心の立て直しの必要性を感じていた。心療内科医からも呼吸法を勧められていたので、笑いヨガは突破口になるかもしれないと直感し、往復3時間近くかけて通い始めた。

週1回の笑いヨガを始めて1カ月。仕事に行く度に利用者から「笑顔がいいわね」と声をかけてもらえるようになった。なかなか治らなかったチック症状も、いつの間にか消えていた。「笑いヨガは利用者のレクリエーションに活かせる!」そう確信した私は、認知症グループホームのボランティアにも参加させてもらうことにした。

5月末に訪れたグループホーム。初めてのワークショップだったが「入れ歯が落ちそう〜」

という利用者の絶妙なかけ合いに、会場には笑いが炸裂していた。利用者のノリの良さに、私も楽しくて、心が躍った。最後は私を含む４人のメンバーが、24人の参加者一人ひとりと両手で握手。次々に「楽しかったよ」「ありがとう！」と声をかけられた。

グループホームでのワークショップの話を、いまの職場の生活相談員にしたら「楽しそうですね。ぜひうちでもやってもらいたいなぁ」とオファーがあった。職場でも実践できるプログラムを考えていきたいと思った。

笑いヨガで回復しつつある私は、見守りが必要な利用者たちとよく歌を歌っている。いままでうなだれていた利用者にも、だんだん笑顔が見られ、一緒に歌ってくれるようになった。私が寄り添っている高齢者の笑顔には、いのちの輝きがある。その輝きに触れることこそが、ケアワーカーの醍醐味であり、エネルギーの源だ。

私の回復を助けてくれた、笑いヨガ。改めて、笑いの大切さ、癒す力を学んだ。

残された、いのちの焔を燃やして

２０１４年９月

「あなた、ちょっとこっちに来て、これを見てよ」。居室にお茶をお持ちした際、Cさんに手招きされて見たベランダ。コンクリートの5ミリくらいの割れ目から5センチくらいの枝が伸び、小さな葉が芽吹いていた。

「うわ～凄い！　こんなコンクリートの隙間から？　可愛いですねぇ！」と感嘆すると、クレームの多い彼女が極上の笑顔で「どこからか種が飛んできて、芽吹いたのかしら？」といのちの不思議を喜んでいた。

以来、私はCさんの居室に訪問するたび「葉っぱちゃんは元気ですか？」と声をかけるようになった。そのためか、入居者の中では古株のCさんは、いまの職場の問題点などを私に話してくれるようになっていた。

女性の管理職にベランダの葉っぱを見せたら「これ、抜くんですか？」と言ったという。「私、絶句しちゃったわ……」とCさん。ささやかだけれど、強靭ないのちの営みに感動しているのに、理解してもらえなかった失望感が漂っていた。

7月、私は勤務先の利用者たちと、染色家・志村ふくみさんの『白夜に紡ぐ』の読書会をスタートさせた。白洲正子さんの『西行』も候補だったが、苦手な漢文や古文が文中に多くて、ギブアップ。読書会のきっかけは、利用者Dさんの居室にお茶をお持ちした際、彼女の机に白洲さんの本があったからだ。

私が「Dさんは白洲正子がお好きなんです

か？　私は白洲さんの『西行』が本棚の肥やしになってます」と言って、好きな作家の話となった。お互い志村さんの文章が好きだとわかり、嬉しかった。4年前、志村さんの本を出版している編集者と知り合い、私の本を志村さんに献本してもらった。後日、志村さんご本人から丁寧な御礼状をいただいた。

私は、志村さんが2009年、84歳のときに出版した『白夜に紡ぐ』を読書会の題材に選んだ。いま関わっている利用者は、志村さんと同じ時代を生きてきたからだ。志村さんはドストエフスキーを繰り返し読み『白夜に紡ぐ』を執筆したという。数ページずつ拡大コピーし、読みあわせをしている。

敗戦の月である8月の読書会では、戦時中、志村さんが通学していた文化学院への容赦ない弾圧が描かれている章を読んだ。志村さんの反戦の思想にふれることができ、利用者からも、戦時中に起きた戦争に批判的な市民への弾圧について語られた。利用者たちが従順に「滅私奉公」していなかったことがわかったのは有意義だった。

他のケアワーカーなら、高齢者対象の読書会に、死や戦時中の話題に満ち溢れた作品は選ばないのかもしれない。だが利用者たちは、自分の死に対して、きちんと向き合っていると思う。

Cさんのベランダのコンクリートの割れ目から芽吹いた植物は、台風にも負けず、いのちの焔をひっそりと燃やしている。

紅い実

2014年10月

前回書いたCさんのエピソードには、続きがある。

コンクリートの割れ目から伸びていた雑草。私は、その雑草を「葉っぱちゃん」と呼んで、彼女と一緒に成長を楽しんでいたのだが、ある日、スタッフが草むしりで抜いてしまった。Cさんと私を励ましてくれた雑草だったが、事情を知らない人には「ただの雑草」に過ぎない。残念がるCさんを見て、私も寂しかった。

このエピソードを話していた息子に「あの葉っぱ、今日、抜かれちゃったんだよね。利用者さん、ガッカリしていたよ」と伝えると「観葉植物でも持っていって、利用者さんと成長を観察すれば？」とアドバイスされた。私は息子が育てているポトスをちょっともらって、使っていない小さな小瓶に入れ、Cさんに贈った。

数日後、夜になると不穏になる認知症の女性を屋上へ。「わあ、空気が美味しいわぁ〜」と大喜びする彼女を見て私も嬉しかった。見晴らしが良いのだが、人手不足で、なかなか利用者をお連れすることができない。そんな屋上に、黄色い実をつけた低木があった。Cさんに差し上げたポトスの横にさすと綺麗かもしれないと、枝先を少し切ってプレゼントした。

数日後、その黄色の実が弾け、中から紅く艶々とした実が出現していた。「あなたに、この実が開く瞬間を見せたかったわ。この黄色い部分が少し割れてね、中から紅い色が見えたとき、それはそれは感動的だったのよ。それにこれは、枝振りも素晴らしいのよね」とCさん。残暑が厳しくても確実に秋になりつつある日々、紅い実に変身した植物は私たちに感動を与えてくれた。

そんなやり取りをしていたある日のこと、「ここができたばかりの頃はね、掃除や洗濯やシーツ交換には専門の人がちゃんといて、介護スタッフはいつも笑い声が絶えなかったのよ。でも、そのうち介護スタッフが全部やるようになってね、笑顔が消えて、いまでは目がつり上がってしまっている。この有料老人ホームを経営している社長には、スタッフたちの苦労を見にきて欲しい」と、Cさんは私に語った。

介護スタッフが何から何までやるようになったのは、たぶん人件費削減のためだろう。私は、皆が定時に帰るところを見たことがない。時間に追われ、疲弊しているスタッフたちに笑顔は少なく、介護事故も増えている。かくいう私も、業務を定刻に終わらせようとすれば利用者の話を傾聴するゆとりはない。「クレームが多い人」とスタッフに思われているCさんだが、スタッフの働き方の変化を観察し、問題が会社の方針や介護スタッフの労働強化にあることを理解していた。

名も知らぬ雑草や木々の助けを借りて、私はCさんの本質を理解することができた。物言わぬ植物が、信頼の架け橋になってくれたのだった。

冬の音律

２０１５年2月

「今日のピアノは素晴らしかったよ。今夜は興奮して眠れそうにないよ」

歌の会の終了後、車椅子のFさんが、私の手を強く握りしめた。数日間、その真剣な眼差しが脳裏に焼きついて離れなかった。

透明で冷たい冬の空気は空を澄ませ、勤務先の有料老人ホームからでも、美しい富士の山頂を見渡せる。そんなある日、ある利用者の娘さんのピアノ伴奏で「歌の会」を開いた。週1回、私が担当するこの会はいつも伴奏なしのアカペラ合唱だが、その日はご家族がピアノ伴奏をしてくれるとあって、26人もの利用者がピアノに合わせ合唱した。

ほとんど発語できない車椅子の利用者も数人いたが、彼女たちが微かに口を動かす姿も見られた。車椅子の利用者はほとんどが認知症のため、利用者同士の会話もままならない。そのため、高い費用を払って有料老人ホームに入居しても、ベッドに寝かされたまま、終末期の孤独は癒えることなく、職員による寄り添いも十分ではない。

ピアノに合わせて懸命に歌う利用者のハーモニーは美しく、そのいのちのエネルギーに、目頭が熱くなった。

昨年（２０１４）末、大義なき衆議院選挙が終わった直後「介護報酬単価引き下げ」と報道された。苛酷な現実だった。介護保険は、現場で働く私たちすら理解困難な複雑な内容に変化し、「社会保障費に充てる」と公約されていた消費税導入後に介護報酬単価は下がり、軍事費が上昇している。ケアワーカーの賃金は上がらず、実質的には消費税上昇分の３％がマイナスになったと言っても過言ではない。

　1月５日「介護職離れ　負の連鎖」と朝日新聞が報道。待機者が多いにもかかわらず、特別養護老人ホームでベッドが空いても、職員不足から新規の入居者受け入れができない厳しい実態が報道された。１月23日には「外国人技能実習に介護追加」と厚労省が発表。日本人すら使い捨ての現状で、外国人実習生の安全が守られるのかと、疑問だった。

　60歳に近いシングルマザーのスタッフは、月に５〜６回、18時間におよぶ夜勤をこなす。そんな過酷な労働を外国人に押しつけようとする国の政策。

　慢性的な人手不足にもかかわらず、株式上場をしたい会社は、利潤追求のため、正社員を希望する30歳の男性職員をフルタイムパートのまま据え置いている。現場の非正規化は、社会保険や雇用保険に加入できない不安定なケアワーカーを多数生み出している。

　少しでもともにいる時間をつくりたいと、図書館から借りたＣＤをかけ、女性利用者７人ほどでお茶会をした。『荒城の月』『早春賦』などを口ずさむ利用者たち。「いい雰囲気ですね」とケアマネジャーも目を細める。

「ありがとね。本当に、本当に、ありがとね……」とＦさん。満足な寄り添いすらできない、介護保険制度に対する怒り。そして、やるせない哀しみ。

　彼女の瞳を見つめ、言葉にならない切なさで、胸がいっぱいになった。

春の海で

2015年4月

早春の海を見たくて、城ヶ島を訪ねた。穏やかな波打ち際に新聞紙を敷いて寝っ転がり、波の音をただひたすら聴くのが、最高のリラクゼーション。

関東では屈指と思える豊穣の海を、身体全体で抱く。前夜の雨で掃除され、どこまでも澄んだ蒼い天空をとんびが「ぴゅーぴゅるる〜」と鳴きながら舞う。地上から観察していると、とんびは羽をばたつかせていない。実に優美に、空を翔る。そんなとんびを見つめていると、とんびみたいに飛翔したいと思うのは、きっと私だけではないだろう。

「『春の海 ひねもす のたりのたりかな』今日は、なんか、そんな気分ですね〜」。寒さが残るも、麗らかな春の午後。勤務先の有料老人ホームの歌のレクリエーション。つい、口をついて出た俳句だった。

「『ひねもす』って、皆さん、どういう意味かご存じですよね？」すると、「一日中という意味だよ」と、間髪を容れずにJさんが答える。

お連れあいによれば、彼は若き日、作家になりたかったほどの文学青年だったという。人付き合いも苦手なシャイな人。だが、家族のために作家とは正反対の職業を選び定年退職まで懸命に働いた。そして、90歳のいまに至った。

昨年夏、読書会を企画しようと志村ふくみ、白洲正子、中原中也、野上弥生子などの本を職場で広げていたら、Jさんが通りすがりに「いい本ばかりだね」と、手に取って眺めていた。そのときの言葉の意味が、お連れあいの話からやっと理解できた。認知症が進んでいなければ、もっといろいろ文学のお話ができたかもしれない。

ゴツゴツとした岩場が多い城ヶ島は、歩くだけでも足のツボが押されていい気持ちだ。岩場の陰などに新聞紙を敷いてごろ寝を決め込む。晴れ渡った春の城ヶ島は、まさに「ひねもすのたりのたりかな」の世界。前回来た2012年の夏は、小さな貝殻を拾いながらたくさん歩いた。今回は頑張って歩かないで、のたりのたりと散歩した。私が日頃から脱力していないと、私が寄り添う利用者たちも脱力できないと思ったからだ。

若いときにマッサージ師の資格を取っていた私は、体操も担当している。インストラクターの私についてこようと頑張る利用者たちに、「皆さんは、戦後の焼け野原を一生懸命、頑張って復興させてきた世代ですから、力を抜くのがちょっと苦手かなと思います。体操のときには、決して無理しないでくださいね。無理をすると身体を痛めます。呼吸に意識を集中するだけで、十分に効果があるんですよ」と伝えている。

利用者たちは戦中、戦後と過酷な時期を懸命に生き抜いた世代。でも社会保障政策は、「死ね」と言わんばかりの斬り捨てをこの4月から断行する。「儲からないから」と事業所をたたむところも出てきており、私の職場の正社員は夜勤手当が1回3千円も下がる。

私は、私の目の前にいる利用者たちに心から寄り添いたい。そして、私のかけがえのない存在を弾圧する「本当の敵」と闘うため、私は〝のたりのたり〟と力を蓄え、牙を研ぐ。

「妊活」離職　２０１５年５月

「私、来月いっぱいで辞めるんです。子どもが欲しくて……」

穏やかで優しい笑顔のスタッフ蒼井さん（仮名）。職場の潤滑油的な存在だった彼女が離職した。

蒼井さんは主任をフォローするリーダーのひとり。彼女は私をかばって、上司にもの申してくれたこともあった。

今年のバレンタインデー。『チョコッとチョコ』という義理チョコを買い占め、その1つを彼女にあげた。「チョコをあげたいと思うのって、女性スタッフばかりなんですよね～」と笑いながら。

するとホワイトデーに、綺麗な薔薇模様の箱に入った、薔薇の形をしたお菓子が返ってきた。嬉しさともったいなさで、しばらく食べないで眺め、それからありがたくいただいた。

妊娠したいから辞めると聞いて、初めて彼女の年齢が32歳だと知った。いま産まなければ……と思う気持ちは十分すぎる程理解できた。

一番職場にとどまって欲しかった人だけれど、慰留することはできなかった。いまの職場の正社員に課せられた重労働では、たとえ軽減労働になったとしても、流産や早産などのリスクが予測される。ましてリーダー職となれば、シフトづくりや雑務もてんこ盛りで、彼女はシフト作成などの仕事を持ち帰っていた。

彼女ほどの実力や人間性があれば、子育てが安定してからでも慢性的な人手不足の介護現場にはいつでも戻ってこられると思った。

ふと見渡すと、正社員には現在、子育て中の女性スタッフがひとり一人もいないことに気づく。子育て中の人は介護を担っていない非常勤スタッフにひとりいるだけ。

正社員は、独身か、結婚していても子どもがいない女性か、子育てが終わった女性ばかりだ。20代から60代の女性がいるが、20代の女性と、50代以上の子育てが終わった世代に正社員は集中している。

いのちを看取っていく介護という仕事は、子育て、いやそれ以前に妊娠もできない状況にあるのか……と考えてしまった。

蒼井さんに会える日が残り少なくなってきたある日。大好きな彼女が、待望の赤ちゃんを抱いて笑っている姿を思い浮かべながら手紙を書いた。

手紙には、長年私の治療をしてくれている鍼灸師の書いた『妊活お灸』という本のチラシを添えて……。

参考文献

小井土善彦・辻内敬子（２０１５）『ゆったりおうちで体質改善　妊活お灸』河出書房新社

空白の時間を越えて……

2015年6月

5月末、ケルト系フランス人のL神父（カトリック司祭）がフランスに帰国した。理由は認知症。いろんな事情があり、実の父と生き別れになっている私の喪失感を癒してくれたのが、L神父だった。

彼は1990年代にはフランスの核実験に反対し、フランス大使館前でハンストをしていた。当時私たちは出逢っていなかったのだが、私も学生時代にフランスの核実験反対の署名活動に奔走していた。L神父は指紋押捺拒否運動にも関わり、自らも押捺拒否をしていた。L神父の存在を知ったのは2003年。指紋押捺拒否運動をしている在日韓国人の友人からの情報だった。

私と同じくホームレス支援者だった神父は、バレンタインやクリスマスの頃になると、信者たちからのチョコレートやお菓子を「野宿している人たちにあげてくださいね」と私にくれた。認知症になってからも、山谷のホームレス支援団体の炊き出しで、野宿者におにぎりを配っていた。そんな神父は、私にとってかけがえのない存在であり、運動の同志でもあった。

5月、私は子宮体がんの疑いや体調不良で休職していた。神父と会える最後の日は、自らの死の可能性と闘っていた渦中でもあった。だがその日、200人以上の信者一人ひとりに声をかけ、握手する神父の姿に強く励まされた。

一緒に過ごした時間は短かったが、認知症になってからも、彼が生きていること自体が私を力づけてくれた。故国に帰った神父とは、たぶん二度と会えないだろう。でも彼の存在は、いつも私の魂の中にある。別れたあと、自分の人生がどんな困難に満ちていようとも「必ず、大丈夫！」と感じることができた。

そして5月半ば、がんの検査結果を聞きに訪ねた産婦人科のドクターは、笑顔だった。

6月、休養を経て職場に復帰する朝、さすがに私は緊張していた。だが、いまこの瞬間を生きている認知症の利用者は「空白の1カ月」という私の不安を一瞬で吹き飛ばしてくれた。

4月に一度しか会っていなかった、歌の大好きな男性利用者は「あなたは『歌の先生』だね」と覚えていてくれた。4月末、私は彼に歌の会に参加していただこうと悪戦苦闘し、その結果歌の会を凄く喜んでくれた。だからか、私のことが彼の記憶の片隅に残っていたのかもしれない。

さらに、たった1カ月で認知症が進み、表情も言葉もなくなっていた80代後半の女性利用者は、6月の歌の会に参加すると、みるみる覚醒し、表情豊かに歌うようになった。

私は、あらためて認知症の人びととの記憶の不思議さを体感した。癒され、励まされることも多い。認知症の人びとに寄り添い、ともに生きてゆきたいと痛感した。

いまこの瞬間を生きる、その深淵なる存在の意味。それをいま、噛み締めている。

お茶を飲んで

２０１５年７月

「今日は体操の日ですが、参加できそうですか？」食事中、ぐったりしているMさんに声をかけた。彼はハッと目覚め、「今日は体調が悪いから、申し訳ない」とろれつが回らない様子で返事をした。

90代前半のMさんは、私が担当する体操と歌の会に、欠かさず参加してくれる。だが私が休職していた5月、体調が急に悪化した。６月後半、居室に伺うと、Mさんはベッドに横たわっていた。記録を見ると水分摂取が一日に３００cc以下の日もあり、完全に脱水症状だと直感した。

すぐさまスポーツ飲料でつくったゼリーを食べていただいた。ほのかな甘味が良いのか、お茶を飲みたがらない利用者にも好評だった。ゼラチンで固めてあるため口の中で溶け、吸収が良い。脱水は、脳梗塞など危険な状態に直結する。

私はいつも「お茶を飲んでくださいね」と強く勧めるが、１００cc飲むのに30分以上かかる利用者も多く、雑務に追われる職員の中には、声掛けしないで下膳する人もいる。そのために多くの利用者が脱水が原因で脳梗塞になったり、認知症が悪化しているのではないかと思う。

ある日「もう、お茶はいらないよ」と言うMさんに、「水分をちゃんと摂らないと病気になりますよ。歌や体操に参加して。いただけないと寂しいです。私のためにも、お茶をたくさん飲んでくださいね」と訴えた。すると彼は１５０ccあったお茶を一生懸命飲んでくれた。

Mさんの体調が悪くなったため、居室でお世話する機会が増え、私が好きな映画のＤＶＤがたくさんあることに気づいた。昨年の七夕、短冊に書いていただいた文章には彼の深い知性を感じた。物静かで理知的で、私が尊敬してやまない高潔なＭさん。その尊厳を傷つけないような支援をしたいと痛感した。

私が職場復帰した6月の歌の会で、5月に歌えなかった『茶摘み』を歌った。その際、「私はお茶畑の近くの女子校だったんですよ。だから、この歌をうたうと高校時代を思い出します。美味しい新茶が飲みたいですね」と話した。すると女性利用者Ｎさんから、鹿児島産の深蒸し煎茶をいただいた。

彼女は病気のせいで表情が乏しく、言葉もあまり発せられない。そこで入居の際、退屈しないよう居室や食堂でＣＤが聴けるように配慮した。そのためか、いつも私の体調を気にかけてくれる。新茶をくださったのも快気祝いだったのではないか、と思う。ケアマネジャーに報告すると「Ｎさんのお気持ちだから、遠慮なく受け取ってください」と笑顔で言われた。

自宅で湯を沸かし、いただいた新茶を丁寧に淹れ、ゆっくりと飲んだ。Ｎさんの心や想いが感じられ、味わい深かった。

「新茶、本当に美味しかったですよ。ありがとうございました！」とお礼を言うと、Ｎさんの表情が一気にほどけ、光輝く、満面の笑みとなった。

いつも彼女の笑顔を思い浮かべながら、新茶の薫りを楽しんでいる。

「慈悲」の喪失

2015年10月

安保法案が強行可決された。私は国会前に10万人以上が集まった8月30日も、90代で要介護5の男性利用者Oさんの食事介助をしていた。

いま勤務している有料老人ホームには、かつて研究者を目指していた哲学科出身の同僚、長澤さん（仮名）がいる。彼と文学や歴史、映画の話を始めたら止まらない。

昼休み、安保法案のニュースを見ながら長澤さんに「私たちって、戦争で人を殺してきた人も介護してるんだよね」と言ったら「Oさんは、まだ元気な頃に『韓国の従軍慰安婦は補償しろと言ってるが、あいつらは自分から買ってくれと近寄ってきた。補償なんてする必要はない！』と言ってたよ」と教えてくれた。

いまはほとんど喋れないOさん。私は彼の手を握りつつ食事の介助をしていた。安心して食べてくれるからだった。だが、長澤さんにOさんの「慰安婦」発言について聞いてから、手を握れなくなってしまった。70年以上前のこととは言え、彼は自らの加害行為を肯定している。それがショックだった。

別の日、安保法案のニュースを見ながら、70代後半の男性利用者が「やっぱり日本の総理大臣は安倍さんしかいないよねぇ。あんたもそう思うだろ？」と同意を求めてきた。私は絶句し、その場を立ち去るしかなかった。

戦地で「慰安婦」や現地の女性たちに性暴力をはたらき、多くの非戦闘員を殺しながら、戦後は軍人恩給をもらい、経済的にも成功した元軍人の利用者。Oさんも、そんなひとりだった。

だが、いまやほとんどの利用者が戦争や政治の話ができないくらい重い認知症だ。ある意味、私にはそれが「救い」に思える。

もう亡くなったが、南京大虐殺で壮絶な殺戮をした兵士だった人を私は知っている。彼は中国共産党の八路軍に捕えられ、加害行為を内省した。日本に帰国後、彼は日本の公安警察からスパイ扱いされ、職もなく、中国で習い覚えた気功治療で生計を立てていた。その傍ら、反戦集会などで自分の加害行為を話すという反戦活動を死ぬまで続けていた。

私は彼に治療してもらったことがあるが、その治療は、自らの罪を償い続ける人の持つ慈愛に満ちていた。

1982年、私はまだ資料がほとんどなかった「慰安婦」の研究をしていた。その私が「慰安婦」を蹂躙したであろう元職業軍人を介護している。なんという皮肉だろう。日本の侵略戦争の加害行為と民衆の責任。その重さを考え続けてきた私の内的葛藤……。安保法案の壮絶な闘いのなか、軍人だった利用者に対する慈悲の気持ちを完全に喪失した。支援者として、ひとりの人間として、喪失の痛みは深かった。

だが、自らの葛藤の先にあるものを探求したくて、私は今日もまた介護現場に向かっている。

かけがえのない出逢い　２０１５年11月

10月半ば、私の勤務先の有料老人ホームの利用者Mさんのご兄弟が退所の片づけに来た。Mさんが肺炎で入院して2カ月弱。偶然居合わせた私が「Mさんの具合はいかがでしょうか」と聞くと「医師からは、もってあと1週間だと言われています」と教えてくれた。「私はMさんを尊敬していました。いつも私の歌の会や体操に参加してくださって……Mさんが大好きでした」と言いながら、目頭が熱くなった。

Mさんは私の担当するレクリエーションの常連で、参加できないときには「今日は外出するから、参加できなくて申し訳ない」とわざわざ声をかけてくれていた。私はメモ帳に自分の名前を書いて「もう私のことはわからないかもしれませんが、『いつかまたお会いましょう』とMさんにお伝えください」と小さな紙切れを渡した。ご兄弟は「ありがとう」と笑顔で受け取ってくれた。

紳士的で知的なMさんを死に追いやったのは、不十分なケアによる脱水症状だった。彼が体調を崩して受診したとき、血液が凝固してなかなか採取できなかったという。「何度も注射針を刺され痛々しかった」と病院に付き添った同僚から聞き、胸が痛んだ。彼は受診後、すぐ入院した。

8月の猛暑日、私が出勤するとMさんはすでにご兄弟と外出しており、それを機に一気に体調が悪化した。なぜMさんの体調不良を知っている看護師が外出を止めてくれなかったのか……と、悔しかった。彼に寄り添える時間が残り少ないと予感した私は、ベッドの横に座り、ゆっくりと、心を込めて水分補給をした。だが、それがMさんとの永遠の別れだった。

9月の初めには、認知症のためフランスに帰国したケルト系フランス人L神父の訃報を受けとった。L神父は私にとって運動の同志であり、最も尊敬し敬愛する聖職者だった。L神父はフランスに帰国後、わずか3カ月で亡くなった。ただ不思議と亡くなってからのほうが神父の魂が近くにいるような気がして、空を仰ぎながら彼に想いを馳せている。

高齢者を介護することの真髄は、その人のかけがえのない最期の時間をともに過ごし、寄り添うこと。ただ、どんなに一生懸命にケアをしても、やがて高齢者は亡くなる。そのことを受容できないと、高齢者介護は虚しく喪失感に満ちたものとなる。

16年前、先輩ケアワーカーが「私ね、『人は生きたようにしか死ねないんだよ』と利用者さんの主治医から言われて、ハッと目が覚めたの」と語っていた。成長を促し見守る子どもへの支援と違い、高齢者は死に向かって生きている。いや、高齢者だけでなく、人は皆、生まれた瞬間から、死に向かって生きているのだ。

自分がケアする利用者の死をどう受容していくのか……その哲学を持つことが、高齢者ケアワーカーの最大の使命はないだろうか。Mさんは改めて、そのことを私に示唆し天に召された。

かけがえのない出逢いだった。

新しい出発

2016年1月

昨年11月末、勤務先の有料老人ホームから「時給を下げる」というメールが来た。9月に職員の大異動があり、私は当初の契約とは異なる営繕業務を強いられ、それまで担当してきたレクリエーションはほとんどさせてもらえなくなっていた。

利用者やご家族から「なんで白崎さんのレクが減ったの？」と問われながら、ひとり、暗く湿った地下室で洗濯業務に専念していた。そして、11月には乾燥機のフィルター掃除と地下の湿気によるカビのせいで喘息になってしまった。

鍼灸師の友人から「体力があるうちに転職しないと大変なことになる！」と転職を勧められて、やっと1カ所、知的障害者のグループホームで採用が決まった。その翌日、(主な業務が営繕に変わったという理由で) 時給を下げるという、理不尽なメールが届いた。

所属ユニオンに相談すると「有休を消化してから『辞める』と言わないと有休をくれない可能性がある」と助言され、有休を申請した。すると「有休を消化したら退職にしましょう。満身創痍で働いてらっしゃるから」と、いきなりホーム長から退職勧奨された。ユニオンで闘うこともできたが、知的障害者のグループホームに採用が決まっていたため、交渉はしなかった。

しかし、働き始めた転職先のグループホームは、施設長はじめスタッフが利用者に暴力的だった。利用者は命令口調で対応され、「嘘つき」呼ばわりされていた。しかも狭い空間にもかかわらず施錠だらけで、1日20回以上も鍵の開け閉めに追われた。有料老人ホーム以上の監禁状態だった。そして、そこでは「脱走」という言葉が、なんのためらいもなく使われていた。

利用者は好きだったが、利用者と自由に話すことも妨害された。職員からの嫌がらせも酷く、先述の鍼灸師から「1分たりとも、その場所にいて欲しくない」と、再び助言された。結局、7日間勤務しただけで退職した。

12月26日、2カ所で面接を受けた。介護保険改訂で大打撃を受けている小規模デイサービスに、兼ねてから希望していた機能訓練指導員&生活相談員として、面接中に採用が決まった。それも、いままでで一番いい待遇で。

小規模デイサービスの庭には牝猫のミィちゃんが住みついていて、利用者やスタッフに可愛がられていた。ミィちゃんは初対面の私を見て「よくきたね」と言うかのように、ニャアと鳴いた。新しい職場で働いた翌日、退職書類を受け取るため前職の有料老人ホームに行くと「貴社と競合する企業ならびに提携企業では2年間働かないこと」という誓約書への署名を強要された。ユニオンの仲間に相談したら「さっさと出して、縁切っちゃいな」と助言されたが、なんという憲法違反なのか。

転職後、私を診た鍼灸師の友人からは「穏やかな脈。本当によかった！」と喜んでもらえた。新しい会社の名は、ハワイの言葉で「平和」という意味だった。戦争法案が強行に通され、施行を目前に控えたいま、介護現場を「戦場」にしないことが、今年の私の使命かもしれない。

ケアの未来は……？　２０１６年２月

元旦から小規模デイサービスで働き始めたが、またしても急転直下の退陣となった。一番の理由は、DV支配的な男性経営者の存在だった。

次々にスタッフが退職するため、施設長や主任が3連泊もしていた。私も元旦から不眠不休で働いた。経営者からは、休日でも、夜中の2時でも、メールや電話がひっきりなしにきた。

年末、緊急で入所した認知症利用者Pさんの対応は困難を極めた。正月早々、Pさんはいつの間にか外に出てしまい、あやうく警察沙汰になるところだった。自宅に帰宅したがる彼女に、私は付きっきりで皿洗いや洗濯物干しを手伝ってもらった。彼女は私以上にヘトヘトだろうに、男女一緒の雑魚寝のデイでは2〜3時間しか眠れない。私はPさんが眠れるよう、認知症専門の病院を探し、受診の手配、通院介助、状態報告書作成……医師やスタッフへの報告メールも書いた。常勤スタッフを休ませるため、夜勤のスタッフも探した。そんな私にPさんは「あなたはよく働いてるよ」と労ってくれた。

ご家族やケアマネジャーと話し合い、経営者の思惑通りPさんをロングステイさせる方針が決まった夜、夜勤で3連泊していた男性の施設長から「6月に退職する」と言われた。

翌朝、目覚めると心臓がバクバクしだした。受診すると、主治医からは即座に「そんな職場は辞めなさい！」と言われた。経営者に電話し、主治医から退職指示が出たと伝え、労務環境の改善を申し出ると「たかが利用者ひとりのために、潰れてどうする！　あなたは費用対効果の高い、売上を伸ばせる人なんだから、俺はあなたを絶対に手離さない」と恫喝された。

「たかが利用者？　売上？　利用者も私も金儲けの道具じゃない！」と私は心の中で絶叫した。すぐに友人に相談し、次の職場を確保して退職した。現在は新しい職場で働いている。3連泊していた主任は、私が退職してすぐ交通事故に遭い、介護ができない身体になったという。

「認知症、監督義務を問う　徘徊中に列車事故、最高裁で弁論」と報道されているように、3月1日に出る最高裁の判決が注目されている。徘徊事故に対する家族への賠償請求は、介護事業所の支援のあり方にも影響する。認知症のPさんも交通事故に遭っていたかもしれず、生きた心地がしなかった。普通の一軒家だと利用者は簡単に鍵を開けてしまう。勤務していた有料老人ホームでは、利用者が「監獄」と言うくらい厳重に施錠していた。私は施錠拘束にすっかり慣れていたことを猛反省したが、利用者を施錠拘束しないように頑張っている事業所ほど賠償責任が問われる可能性が出てくる一審・二審判決だった。

あるグループホームは、日中に9人の利用者を2人で対応している。食事は調理済みのお惣菜を手づくりだと言って提供。利用者と一緒に調理するはずのグループホームの理念すら崩壊している。度重なる介護保険改悪は、人件費を削減しなければ運営が成り立たない状況にした。

最高裁の判決次第では、私たちは利用者を監禁し管理する「牢獄の看守」とならざるを得ない。この判決が、ケアの未来を決めるかもしれない。

最高裁判決に思う　２０１６年３月

3月1日、「徘徊事故　家族に責任なし　監督義務　総合的に判断」。

2007年、徘徊中に列車事故で死亡した認知症男性の遺族がJR東海から損害賠償を求められた裁判で、最高裁判決が出た。すぐに「逆転勝訴」がネットで伝えられ、翌2日の新聞は各紙一面トップ。名古屋地裁は長男と要介護1の妻に監督義務を認め720万円、高裁は妻に360万円の支払いを命じていたため、遺族が8年越しの闘いで得た画期的な逆転勝訴だった。

若年性認知症の当事者たちも最高裁判決前、一・二審判決に抗議。認知症高齢者を介護している家族会など、多くの介護家族が固唾を飲んで見守っていた。凄まじい施錠拘束が当たり前になっているケアワーカーにとっても、判決によっては、監禁が加速しかねない裁判だったので、逆転勝訴の意義は大きかった。

高見元博さん（患者会「ひょうせいれん」代表）は「認知症の家族に賠償責任が認められたら、『精神病者』家族、知的障がい者の家族の賠償責任に発展しかねないと思っていたので、まずは良かった」とコメント。

清水裕さん（精神保健福祉士）は「社会は、家族に監督責任をどこまで押しつけるのか。もし遺族側が敗訴していたら、家族がいない認知症高齢者の事故は『成年後見人が責任を取れ』ということにもなりかねない。認知症の人の財産管理等をする成年後見人も責任が重すぎて引き受ける人がいなくなるだろう。認知症や障害がある人は、家族からも後見人からも見放されひとりぼっちになれ、と言わんばかり。だからこそ、勝訴の意味は大きかった」と喜びの声をあげた。

「画期的な判決」と言われる一方で、バックラッシュの予感もする。長年、労働組合で活動する女性は「妻が要介護で、長男が別居していたからという点が気になる。長男が同居していたらどうだったのかと考えさせられる」と予断を許さない状況を指摘。今回は家族が懸命に介護していたからという理由で、勝利判決が出た。だが、これで終わりではない。全ての人びとが安心して暮らせる社会にしていくための第一歩だ。

判決が出る前日。私はいつもより早く、勤務先の最寄り駅に着いた。遊歩道をぶらぶら歩くと、マゼンタ色の椿が咲いていて、思わず花泥棒……。毎朝、花の絵の塗り絵をしている利用者たちに鮮やかな色の椿を見せたかった。施錠をしていない古民家型小規模デイサービスの玄関ドアを開けると、朝一番でアクシデントがあったと聞き、花どころではなくなった。

やっと落ち着いた午後、私が摘んできた椿を、いつもはぶっきらぼうな女性利用者が小さな湯呑み茶碗に生けてくれていた。「ほら、椿、生けといたよ」と……。どんなに認知症が重くなっても、利用者たちはスタッフのやり取りを見ていて、フォローしてくれる。普段は怒りん坊の利用者ほど、その優しさが身にしみる。そんな人たちを監禁なんてしたくない。

私は「牢獄の看守」にならないために、闘わなくてはならないのだ。利用者を監禁拘束することは、虐待加害者になることなのだから。

愛すべき毒舌シスターズ　２０１６年４月

「おはようございま～す」。築40年の古民家デイサービス。障子をガラッとあけると、顔馴染みの利用者たちが「お～よく来たね！　早く入んな」と笑顔で迎えてくれる。

この小規模デイサービスの特徴は定員7名で男性利用者は1日に1名、あとは全員女性。それも、とてもパワフルな認知症の女性たちだ。私は彼女たちを「毒舌シスターズ」と呼んでいる。おべんちゃらなし、裏表なし、直球勝負。職場が自宅から近ければ毎日でも顔を見に行きたい。たぶん彼女たちは、私の20年後の姿だからなのだろう。

男性利用者がひとりもいないある日。20代の男性施設長と私と女性利用者6人とで歓談していた。誰からともなく、下ネタに移行。あまりにもストレートな物言いに施設長が「あのですね、もっと控えめな表現のほうがいいのでは……」と言った。すると日頃から率直極まりないQさんが「やってることは同じなんだから、いいんだよ！」と反撃。

舌鋒鋭いTさんも「そうだ！　そうだ！」と煽る。利用者からすると孫世代の施設長はタジタジ。その光景を見て「皆さん、あんまり若い人をいじめないでよ～」と合いの手を入れつつも、私は笑いが止まらない。昨年末に退職した有料老人ホームでは、こんな丁々発止のやり取りはできなかった。仲良しの利用者とも、いまほど率直なやり取りはなかった。

このデイサービスの利用者は経済状態の厳しい人が多いため、介護保険の利用限度額を超える場合は「ボランティア利用」として食費のみで通所している。介護保険とボランティア利用の併用で、毎日通所している利用者もいる。

最近、在宅中に外出し迷子になったUさんも、週3日の利用だったがボランティア利用で週5～6日に変更になった。看護師だった彼女は現役時代の話をよくし、認知症が一番重い利用者のお世話もしてくれる。彼女の中では、デイサービスの利用者たちは職場の元同僚という設定。「昔はアンタ、頑張って働いていたね」と話しかけている。

ある日、Uさんはその日唯一の男性利用者について「昔、あの人から医学知識を教わったのよ」と話し始めた。私は「彼が医者という設定なんだな……」と興味津々で話を聴く。「昔はお偉いさんだったけど、いまやアタシたちと同じでボケちゃったんだ、あっはは‼」Uさんはデイサービスの利用者が認知症だとちゃんと認識しているのだ。

認知症の人が、一番活躍していた時代に回帰することはよくあるが、Uさんは自分のいる場所がもう職場ではないということをわかっている。そして、看護師といういのちに向き合う仕事をしてきただけあり、同じ話の繰り返しの中にも、ケア論が展開され、本質に迫る言葉が出てきて、ハッとする。

ちなみに下ネタ全開だった日、Qさんに「今日は楽しかったなぁ～」と伝えると「また、おいでよ」と言われた。どっちが利用者だかわからない会話だけど、そんなデイサービスが大好きな私なのだ。

あなたはいつも笑顔だから

２０１６年５月

初夏を思わせる爽やかな朝、「あなたとあなたの家族は幸せでしょう?」と、勤務先のデイサービス女性利用者から言われた。「何でですか?」と尋ねると「だって、あなたはいつも笑顔だから」と。私は一瞬言葉に詰まり、胸がいっぱいになった。心底、嬉しかった。

数日前にも、別の利用者から「おばちゃん、ここにきて楽しいかい?」と聞かれた。彼女は認知症で人の名前を覚えられない。利用者、職員関係なく「おばちゃん」と呼ぶ。私は「うん、とっても楽しいよ!」と答えて、ハグ。「これだから現場はやめられないんだよなぁ」と、しみじみ思いながら……。

２０１４年以降、上司や同僚からのパワハラ・セクハラ被害が続き、利用者やご家族との関係が良いにもかかわらず、度重なる転職を余儀なくされた。鍼灸師の友人から転職を勧められるたび、泣く泣く利用者と別れた。ようやく落ち着いて働けるようになったいま、利用者から何気なくかけられる言葉の一つひとつが、私にとっては深い癒しになっている。

ケアワーカーとして働いていると不思議な出逢いやご縁が多い。猫の好きな私は、猫好きな利用者との出逢いが断トツに多い。そしてかつての市民運動家は、他の利用者と雰囲気が違う。私と「同じ匂い」がするのだ。

あるデイサービスでは、私が試みる蒸しタオルを使った温熱療法が抜群に効く女性利用者がいた。あまりの効果と、彼女の言葉の端々から感じる問題意識の鋭さに「この人は運動家ではない?」と思って「何か市民運動をしていませんか?」と尋ねた。すると、彼女は私がよく知る団体で活動していた人だった。

友人の紹介で知り合ったある女性とは、数年後、彼女がALS（筋萎縮性側索硬化症）になり、言葉が発せない寝たきり状態となったときに偶然、再会した。彼女は私を覚えていて、涙を一筋流した。私は言葉にならない思いを一緒に泣くことでしか表現できなかった。

かつて市民運動家として活躍していた彼女は、ALSなどの寝たきりの当事者の選挙権行使のため、ベッドの中で文字盤を使い、新聞に投書するなど、果敢に運動していた。

しかし、尊敬すべき当事者運動家を快く思わない支援者もいる。彼女たちが闘ってきた歴史を何も理解せず、ただ権利意識の強いワガママな利用者としてしか見ない。私からすれば「運動家の大先輩」であり、将来自分がなりたいと思う当事者像なのに……。

深い敬意を持って接すれば、彼女たちは私たちケアワーカーの劣悪な待遇を理解し、体調が悪くても私たちをサポートしようとする優しい人たちだ。

私にも、全身全霊で市民運動をしていた彼女たちのような晩年が待っているだろう。そのとき、私の運動家人生を理解してくれるケアワーカーは存在しているだろうか。

昔取った杵柄

2016年6月

「アタシ、もう帰る！」快晴のある日、公園に向かう散歩の途中、最後列にいた利用者Qさんがいきなり怒りだした。すると最前列にいた元看護師だったUさんが素早く駆け寄り、Qさんの手をパッと握りしめた。職員が収められなかったQさんの怒りは瞬時に消え去り、彼女は穏やかになった。3人いた女性職員は「さすが、Uさん……元看護師だね。凄いやぁ～ナイスジョブ！」と感嘆の声をあげた。

その対応は、まさに「昔取った杵柄」。認知症と言われる高齢者の無限の可能性を見出した瞬間だった。

私が勤務する古民家デイサービスでは、天気が良ければ午後は毎日散歩に行く。晴れた日の利用者との散策は、癒され、気持ちが解放される爽やかな時間だ。認知症は重いが身体能力は極めて高いQさんとUさんは、公園にたどり着くやいなやブランコを無邪気にこぐ。80代後半とは思えないほど、元気に足を上げてはしゃぐ。

他の利用者も、木洩れ日や季節の花々に「綺麗ね～素敵ね～」と、ただひたすらに感嘆の声をあげる。散歩に出る前までは、デイサービスの部屋の中で不穏な精神状態になっていても、嘘のように穏やかになり、気分が切り替わる。そんな姿を見ると、認知症の利用者にとって、散歩や外出が重要なケアなのだと再認識する。

そして、たぶん多くの介護職員たちが、過酷な低賃金労働の中でも、利用者の笑顔に癒され、エネルギーに変えて頑張っているのではないかと思う。だが、高額な利用料金を払っていても、散歩は「有料サービス」。グランドピアノがあっても弾く人もおらず、屋上庭園があってもスタッフが連れていかない。

近隣の散歩すらままならなかった、昨年暮れまで勤務していた有料老人ホーム。片や、ボロい古民家だけれど、いまのデイサービスのほうが利用者は幸せなんじゃないかと思う。私が当事者なら、こちらを選ぶ。

アートセラピストの職員もいて、アートセラピーを基盤にした作品づくりを続けている。アバンギャルドな作品もある。毎日、手づくりの昼食が提供されるいまのデイサービスのクオリティは高い。

利用者に「してあげたい」と思うことが「個別・有料サービス」と位置づけられ、寄り添うことに制限が多々あった有料老人ホームでの葛藤を思うと、日々、利用者の無限の可能性に出逢え、喜びを見出だせるいまは幸せだ。

しかし、残念ながら「古い」という理由で、ケアマネジャーが利用者を紹介しないという。他の介護施設の施設長の話を聞く機会があったが、家族も施設の見栄えで判断する傾向があるという。

いま私は、利用者思いの職員たちとスクラムを組んで、デイサービスの大改造をしている。綺麗なだけの施設はいくらでもある。だが、一番大切なのは職員がどれだけ利用者に寄り添おうとしているかだ。

どこまでリベンジしていけるか。私の挑戦は続く。

夏の一日

2016年7月

6月、非常勤職員4人（全員女性）が一丸となり、運営が厳しくなった古民家デイサービスの立て直しに尽力した。立て直しのアイデアを出すためサービス残業でミーティングし、大掃除もした。施設長も改善案を社長に直訴した。

だが私たちの提案は簡単に却下され、さらに人件費削減の名目で、頑張っていた女性非常勤たちが事実上リストラの対象になった。解雇されれば失業保険がすぐにもらえるが、「非常勤には安定した収入を保障できない。サイドワークを探すか、転職を勧めます」という自己都合退職を余儀なくされる通告だった。

私は、会社の上司から、業績不良で安定した賃金を保証できないからと転職を勧められた。たまたま翌日すぐ面接してくれたグループホームがあり、3日後に採用となった。しかし、採用の電話の前日、ストレスからか、ぎっくり腰に。寝返りも打てない激痛で、6月いっぱい休職を余儀なくされた。経済的な保障もない。外出もままならないなか、私は鬱状態に陥った。

だが、採用されたグループホームの男性施設長はそんな私を心配し、労ってくれた。有料老人ホームについで、またも退職勧奨された私は、面接で1回しか会っていない彼の優しさが心にしみた。荒涼とした砂漠で、豊かな水を湛えたオアシスに出逢ったような、そんな感覚だった。

転職につぐ、転職。そして、大好きだった古民家デイサービスをたった3カ月で辞めなければならない喪失感はあまりにも深かった。

グループホームの初日。ぎっくり腰も完治しておらず、緊張し不安だったが、施設長は開口一番「腰、大丈夫ですか？　何かあったら遠慮なく何でも相談してくださいね」と言ってくれた。私は「使えない奴と思われても仕方ない状況なのに、受け入れてくださり、心から感謝しています。私だけでなく同僚たちも理不尽なリストラに遭ってとても辛かったので、すぐに採用され嬉しかったです。この気持ちを利用者さんに還元していけたらと思っています」と伝えた。

施設長以外の職員の人たちとも、すぐに打ち解けた。腰は完治していなかったが全く支障はなかった。職場研修をしてくれた副リーダーは、問題意識が高い30代半ばの男性。会社にできた労働組合のことも教えてくれた。３６協定が締結されたことやストライキ権があるという話もしてくれた。いままでの会社と違い、コンプライアンスがちゃんとしている印象だった。会社が株の上場を果たしたタイミングだったので、労働法などは遵守していくのではないかと思った。

この間、転職を何度も余儀なくされてきたが、新人トレーニングや服薬管理、記録など、いい加減なところばかりだったので、今回採用されたところはちゃんとした会社だと思えた。初日にもかかわらず、穏やかな気持ちでいたからか、利用者が私に笑顔で声をかけてくれる場面が多かった。嬉しかった。

利用者の笑顔の中に、私の悲しみを癒す力がある。そう痛感した夏の一日だった。

希望の萌芽

２０１６年９月

8月14日、私の働くグループホームで『火垂るの墓』の映画会を企画した。

私の大好きな女性利用者Wさんは、食い入るようにそれを観て、涙した。その姿を見て、戦時下に生きた人びとと自分がともに生きているのだと痛感した。8月初旬には、戦中戦後の苦労について利用者に語ってもらった。軍需産業で働いた経験や、空襲の恐怖、家族を戦争で亡くしたこと、果ては満州事変など、日中戦争や太平洋戦争に突入する歴史の変遷について語った利用者もいた。戦時下の食糧難の厳しさについて語った92歳のYさんの話は、当時の状況が目に見えるようだった。胸中に去来する記憶を忌憚なく語ってくれた利用者たち。30分前のことも忘れる大正10年から昭和11年生まれの女性たち9人。戦時体験の真摯な語りは、彼女たちが認知症であることを忘れてしまうほどの迫力があった。

認知症と深い喪失は関係しているかもしれない――そう痛感する出来事もあった。いつも職員を労ってくれる80代のXさんは、亡くなった息子が存命だと信じている。息子を持つ私は、彼女の中にある大きな悲しみが切なかった。彼女の残された時間が穏やかであって欲しいと、切に祈った。

30分前のことを忘れても、利用者は一人ひとりの職員たちを理解し、見ていてくれている。Zさんは、Yさんが発熱したとき、私が朝から忙しく看病していたら、「あなた、朝から働き詰めよ。少し休みなさいな」と言って、椅子の背をポンポンと叩いた。ご飯を食べたかどうかも忘れるZさんだが、彼女の思いやりに胸が一杯になった。

この間、ハラスメントや退職勧奨などで、目まぐるしく転職を余儀なくされ、鬱状態になるほどのストレスに晒された私を、いつも癒し救ってくれたのは、他ならぬ認知症の高齢者だった。特に私と同じ一人息子を育て上げたWさんは、私が息子の話をしたら、涙ぐんで目頭をハンカチで拭った。彼女はいままで出逢った利用者の中で一番優しい人だ。

私が愛し、深く関わってきた高齢の利用者は、他者への共感力が高く心優しい人びとがほとんどだ。認知症や精神疾患があっても、心を通わせることのできるつながりがあり、尊敬され、適切なケアとゆるやかな環境があれば、穏やかに、心豊かに生きられる利用者がほとんどだ。

夏の終わり、グループホームで1960〜70年代の歌をたくさん歌った。「これは失恋の歌ですね」「情熱的な歌ね」と、歌詞の意味を利用者と解釈しながら過ごしたひとときは、私にとっても最高のレクリエーションだった。そして、その時間は利用者たち全員が穏やかで笑顔に溢れていた。

未来のことはわからない。しかし、かけがえのない存在である利用者とともに生き、その一瞬一瞬の感動と発見の連続性の中にこそ、未来への希望の萌芽がある——。

介護現場に生きるということ——その希望と未来と
2016年9月

「えっ、あなた、元は介護職だったの?!」私は絶句した。首都圏のとある駅前。2014年からホームレスの自立を応援する『ビッグイシュー』という雑誌を売っている桜井さん（仮名）と久しぶりに再会したときのことだ。

2001年から15年ほどホームレス支援ボランティアに関わっている私は、たまに駅前で見かける40代くらいの彼に体調を聞いたり、支援団体を紹介したりして、早く生活保護を受給するよう勧めていた。

2011〜13年に原発被災者の支援活動をしていた際、喘息になり、足の靱帯も損傷。だが、足を痛めるまで、雨の日も、雪の日も、私は夜回りを10年ほどしていた。だから私は、真冬や真夏の『ビッグイシュー』の販売が過酷な労働だと知っていた。顔見知りのおじさんたちが、次々に身体を壊して路上から消えていった。私は桜井さんに早く屋根がある部屋でゆっくりと、安心して寝て欲しかった。

2015年秋、久しぶりに会った桜井さんは「お陰様でやっと生活保護を受給できました！」と笑顔で報告してくれた。「それは良かった〜。でも、決して無理はしないでね。しばらくはゆっくり休んでね〜」と念を押した。聞けば、彼は精神科に通院しているという。声を張り上げ、必死に『ビッグイシュー』を売っていた彼には、ちゃんと療養して欲しかった。

そして2016年の4月末、久しぶりに彼に会えた。「しばらく会えなかったけど、元気でしたか？」「はい、いま介護の仕事で、就職活動しているんです。ただ、精神科に通院しているからなのか、採用されないんです……」と暗い表情になった。

「えっ、介護の仕事？　介護は健康な人でも大変よ。特にこのところは介護保険の改悪のせいで、労働状況は悪化してるし……」と私が言うと、「実はホームレスになる前、介護の仕事をしていたんです……」と彼は答えた。私は絶句したが、彼が役所のケースワーカーから無理な就労指導をされていないと聞き安心した。

だが生活保護を受けながら『ビッグイシュー』を売っている彼に「いつまで、こんなものを売ってるんだ！　ちゃんとした仕事を探せよ！」と叱責する客がいたための就活だと、彼は教えてくれた。

私は強い怒りを覚えたが「気にしないで、ゆっくり療養してね」と慰めることしかできなかった。彼とゆっくり話したかったが、用事もあり5分ほどの立ち話しかできなかった。以来3カ月、桜井さんには会えないでいた。

桜井さんに再会した夜、私は過去の記憶の糸をたどっていた。貧困問題を研究している友人と私は、2011年頃、「ケアワーカーはホームレスになるだろうか……」という議論をしていた。研究者の彼女は「これからは可能性があると思います」という見解だった。そして彼女の見解は3年後に的中した。

桜井さんは2014年頃、ホームレスになった。社会保障制度の末端で働きながらも、社会保障制度の恩恵を受けられず、野宿を余儀なくされたケアワーカー。その厳しい現実を突きつけられた衝撃は大きかった。

「今日は桜井さんに会えないかなぁ……」と祈りながら、彼がいつも『ビッグイシュー』を売っている駅に降り立つと、3カ月ぶりに彼に再会できた。

そして、彼が野宿を余儀なくされた理由を聞くことができた。訪問介護ヘルパーだった彼は、元ホームレスの利用者のために、生活保護が受給できるように奔走したり、他人事に思えず、真剣に貧しい利用者に関わっていたという。

だが、他の職員からは、「もっと割り切れ」と言われ、彼の支援の仕方は理解してもらえず、やがて同僚との軋轢などから鬱病を発症したという。真面目で優しい支援者によくある「燃え尽き症候群」と言えた。だが、たぶん、もっと根深い何かが、彼にもあるのだろうとも思った。

その後、『ビックイシュー』の販売が駅前でできなくなり、桜井さんには、会えなくなった。桜井さんには、この空の下で、元気に生きていて欲しい。

深刻な事態が次々に社会を震撼させ、葛藤や苦悩は尽きることがない。けれども、桜井さんや若い仲間たちが希望を持てるような、介護現場の未来をつくっていきたい。

それが、足かけ30年以上、介護現場で生きてきた、私のかけがえのないミッションだと思っている。

2章　介護・介助現場の暴力の諸相

「本当に」殺したのは誰なのか？

サニーライフ北品川で、被害を受けて亡くなられた方の御冥福を心から祈ります。

２０１９年5月22日。「老人ホーム入所者を暴行、殺害した疑い　元職員を逮捕」と朝日新聞が報じた。記事を読み進むうち、警察が介護職員に対して「殺意があった」として取調べをしていると知り、絶句した。

私には警察もメディアも現場の過酷さに理解がないように思えた。このままでは、ますます介護職員のなり手がいなくなるのでは……と懸念された。

どのような状況で、なぜ虐待死が起きてしまったのか。サニーライフ北品川の事件を報じた記事（要約）をもとに、考えてみた。

容疑者は夜勤だった4月3～4日、施設内で利用者に暴行を加え、殺害した疑いがあるという。司法解剖の結果、肋骨が折れ、内臓損傷に伴う出血性ショック死だったことが判明。暴行の程度が強かったことから殺意があったと判断された。容疑者は既に解雇されていた。首都圏のニュース（ＮＨＫ）では、「防犯カメラの映像には、容疑者が部屋から這いつくばるように出てくる利用者の足を持って乱暴に引きずる様子が映っていた」「利用者からの評判も悪くなかった」と報道された。

朝日新聞デジタルには「高齢者施設で起きた入所者の主な死傷事件」として以下が列挙してあった。

・２０１４年11～12月　川崎市の有料老人ホームで当時86～96歳の男女３人が相次いで転落死。ベランダから投げ落としたとして職員だった男が殺人罪で起訴され死刑判決

・２０１７年７～８月　岐阜県高山市の介護老人保健施設で当時80～93歳の男女５人が死傷。うち２人に対する傷害致死と傷害罪で職員だった男が起訴

・２０１７年８月　東京都中野区の介護付き有料老人ホームの浴室で男性（当時83歳）が死亡。浴槽に沈めて殺害したとして職員だった男が殺人罪で起訴

・２０１８年８月　熊本市のグループホームで女性（当時88歳）が死亡。腹を殴るなど

して死亡させた傷害致死罪で職員だった男が起訴され実刑判決

・2019年1月　神奈川県横須賀市の老人ホームで女性（当時89歳）が死亡。首を絞めて殺害した殺人罪などで職員だった男が起訴

報道を知り、「全て断片的な情報からの推察に過ぎないことを前提で」とコメントをくれたのは、虐待問題に詳しい精神科医Aさん。

「以前から殺意があってのことなら『防犯カメラ』に姿が写るようなうかつな動きはしないと思われ、『瞬間的・衝動的』に暴力に至ったのではないか……。背景には、待遇の悪さと過重労働の負荷があったと想像できます。加害者固有の特質としての衝動性の程度は不明ですが、他の女性入所者が『何か質問しても優しく答えてくれた人なので、信じられない』というコメントをしているので、始終『切れやすい』状態ではなかったろうと思います」

またAさんは、容疑者のシフトと被害者の状態とのタイミングの悪さも指摘する。

「被害者は認知症が進んで在宅が難しくなってからの入所だったらしいこと、事件が起きる前の3月で入所1～2カ月経ち、『帰宅要求』が強く出ていたのでは？　と思われること、ただし前にも容疑者には『虐待の疑い』があったらしいので、もしかすると被害者

は運悪く加害者を刺激しやすいタイプだったのかもしれません」

利用者との「相性」については、現場の職員なら誰もが感じていることだ。相性が悪いと最悪の事態を生む場合もある。

Aさんはさらに、「容疑者は『夜勤の主任』的役割を託されていたようなので、表面的には、あまり問題はなかったのかもしれません。むしろ『主任的』と言っても責任が増えるだけで十分な手当がなかったとしたら、不平・不本意さによるストレスはかかっていたでしょう」とも指摘する。

私が勤務していた物価の高い東京23区内の有料老人ホーム利用者65人では、リーダーは主任（1人）の下に3人いたが、手当は月5千円。シフト作成など負担が重く、忌避されていた。同じ区内の利用者9人のグループホームのフロアリーダーも手当は月5千円だった。Aさんの指摘や自分自身の経験もあって、「殺意があった」として取調べをしているという報道に、私は介護職員に対するネガティブキャンペーンだと感じた。

介護保険が改悪されるたび、職員の賃金は下げられ、人手は減らされている。会社は損をしないように職員や利用者にしわ寄せをしているのに、その実態はほとんど報道されていない。

虐待は構造的問題

「殺人」加害者を生み出したサニーライフ北品川だが、運営会社の経営体質は酷く、北品川以外でも内部告発、虐待に対する行政の介入、労働裁判もあったという記事を仲間が見つけてくれた。監視カメラがあっても虐待が止められないほど、労働環境が荒れていた原因がよくわかる記事だった。

サニーライフの運営会社はワンマン社長。同族経営で不当労働行為や不当解雇が横行しており、起きるべくして起きた事件だと痛感した。

前述の精神科医・Aさんは認知症利用者への対応と会社の現場への理解について、「認知症利用者の『帰宅要求』に対応するには知識、処方薬の使い方などの様々な工夫、職員の『気持ちのゆとり』が必要ですが、そのことを会社の上部が理解していないと、現場での『工夫』や『ゆとり』の実現は難しいと思います。そのため現場に負担が集中し、怒りが爆発。暴力が出ることも考えられます」と言及。

Aさんは、虐待親による子どもへの虐待と同様に、介護職員の暴力についても、加害者を社会が孤立させていること、ストレスが加重していく労働現場の構造などを考えるべきだと言う。「加害者個人の資質にのみ還元し、一方的に裁くだけでは問題は解決せず、同じような事件が繰り返されると思います」とAさんは分析する。虐待が起きる構造的問題に目を向ける必要がある。

サニーライフの給与水準は……

虐待が起きる構造について考えるべく、サニーライフの給与水準を調べた。事件直後、私は品川区内の有料老人ホームの給与と、同区の社会福祉法人の特別養護老人ホーム（以下、特養）の給与とを比較した。

特養に勤務して約15年のCさんの基本給は約25万円、各種手当約3万円、夜勤手当約8千円、以前より減ってはいるがボーナスもあるという。ネット検索すると品川区の社会福祉法人の特養は21万8千～34万2千円とあった（同じ法人の障害者施設は5千円安い）。

事件直後、サニーライフ北品川は求人停止をしたため給与額は不明だったが、サニーライフ大森南の正社員は19万8千～23万円だった。ちなみに、サニーライフ東京大田の看護師は27～33万円。

他の有料老人ホームと比較してみると、ニチイホーム南品川、不動前、大森は、24万2千〜26万5千円（非常勤の時給1200〜1300円）。品川区大崎のファミリアガーデン品川は、23万2千〜24万2千円。事件直後のサニーライフは他の有料老人ホームと比べても、給与水準が低いことがすぐにわかった(注)。

ネットに書かれていた金額は夜勤手当などを含んだ額で、基本給ではない場合が多く、基本給は20万円以下のところがほとんどだ。さらに額面から社会保険や税金が4万円ほど引かれたら、手取りは当然20万円を切る。

杉並区のある有料老人ホームは、利用料金が初期費用の他に月60万円以上でも、介護職員の給与は夜勤手当を入れても月22〜24万円（額面）だった。社会保険や税金を引くと、手取りは20万円を切ると思われる。利用者は高い費用を払っているから、職員たちへの要求は当然強い。しかし、高い利用料金が職員の給与に反映されることはない。

有料老人ホームの利用者は、職員の給与や労働環境にはほとんど関心はないだろう。私は有料老人ホームで働いていたときに、職員たちから「私たちは（お金がないから）ここには入れない」という言葉を何回も聞いた。施設の中で明確な階層分断が起きている。

現場と人を崩壊させる介護保険「改正」

「私たち介護職が何か問題を起こせば、マスコミ報道で叩かれます。介護職が利用者やご家族から受けた被害に関しては、ほとんど報道されないのに……」

そう語るのは都内の有料老人ホームで管理職を務めるBさん。Bさんは、介護現場で10年以上働き、介護職員から管理職になった人だ。私と話している最中にも、Bさんには職場からの緊急連絡が絶えず、責任の重さや献身的な働きぶりを痛感した。

Bさんの勤務先の職員配置は、これまで利用者2人に対して職員が1人の配置だった（国の基準は利用者3人に対して職員1人）。それがいまでは営業上の理由から利用料金を引き下げねばならず、利用者2・5人に対して職員1人という人員配置になった。

利用者が払う料金は安くなっても、その分職員たちの負担が重くなるのは容易に想像がつく。職員の賃金を引き下げない代わりに、人員を削減することでしか経営が成り立たないのだ。

Bさんの施設では、利用者の料金は居室費用＋共益費＋食費などで24万円くらい。その他にオムツ代、イベント費用などは実費。通院などの個人対応は30分１５００円（＋税）。都内の有料老人ホームにしては低料金だ。正社員は20代、30代、50代。非常勤職員は主に

40代の男女で構成されているという。

幾度かにわたる介護保険改悪の荒波を乗り越えてきたBさんだが、「2000年代半ばはクレーマーの利用者は少なかったし、いまよりゆとりがある中で、職員を育てることができました。自宅などで介護した経験があるご家族は、私たち職員の大変さもわかってくれて、労いの言葉をかけてくれ、信頼関係をつくることができました」と語る。

2007年頃、私はBさんから、06年の介護保険の大改悪で、認知症利用者（26人定員）のフロアの夜勤職員が、2人から1人に減らされたと聞いた。16時間におよぶ夜勤で、認知症利用者をたった1人で対応する、その壮絶な実態に言葉を失った……。具体的には語れないが、Bさんから聞いた夜勤のエピソードはいまも忘れることができない。

魂の監獄

家族が介護を担うべきという時代は過ぎた。介護施設にニーズがあることも明白だ。しかし、その構造はやはり管理的であり、意図しなくとも利用者の尊厳を傷つけてしまう。

私が2015年春から1年7カ月勤務した有料老人ホームは、ナースコールが鳴りっぱなしの施設だった。私はマッサージ師の資格所持者のため、体操やレクリエーションといったリハビリ的な業務、食事介助などの軽介護、通院介助等の業務契約だった。

夜間せん妄（幻覚等の意識障害）が酷く「職員が下着を盗む」と怯えて訴える認知症の利用者Aさんを、屋上庭園や散歩に連れ出したときのことだった。彼女と同じような歩行状態の利用者Bさんも一緒に散歩に連れ出そうとすると、「Bさんは脱走するからダメ！」と看護師が阻止したのだった。頭にきた私が「Aさん、一緒にシャバの空気を吸いに行きましょう！」と思わず言うと、彼女は「そうだ、そうだ、ここは監獄だ！　外の空気を吸いに行こう！」とベッドから飛び起きた。

そのとき私は、「有料老人ホームは見かけだけ綺麗な『魂の監獄』なんだ……」と痛感した。皆で『荒城の月』を歌ったとき、発語できない全介助の利用者が涙を一筋流した姿が、いまも脳裏に焼きついている。

医療職との格差

虐待加害者の多くが、看護師ではなく介護職員なのは、「福祉は医療より下」という意識や、介護職への偏見に起因していると思う。

有料老人ホームではないが、私が過去に救急搬送で入院した病院では、若い看護師が「へルパーさ〜ん、〇〇やっといて〜」と50代とおぼしき日系ブラジル人（女性）の看護助手に何もかもさせていた。

私以外はオムツをしている高齢者が9人もいる病室。他にも空いたベッドがあるにもかかわらず、認知症の高齢者ばかりの病室に入れられた私に同情したのか、その看護助手は、私にはとても優しかった。だが、彼女が真夜中に「私がこんなにキツいのは、あんたたちがボケているからよ！」と認知症患者の臀部を叩く音が聞こえた。

排泄物の臭いが蔓延しているだけでなく、私には優しい看護助手の修羅の声を耳にし、食事が喉を通らなくなった。まだ数日は入院が必要な状態だったが、医師に懇願し、即日退院した。

その病院の看護師は「ここは楽よ～」と言っていた。キツい仕事は全部、看護助手にさせていたからだろう。ともに働く看護助手の名前も覚えない看護師たちは、夜勤中、テレビを見ながら菓子を食べていた。医療従事者が看護助手を下働き扱いした結果、高齢者が虐待されていた。

権力構造が生む暴力は、必ず弱い者に振るわれる。

巨大労働組合の実態

過酷な待遇に置かれている介護職員たちだが、彼・彼女たちにとって、会社が加入しているユニオンショップの労働組合は自分たちを守ってくれる存在ではない。

日本一の介護労働者の組織率を誇る日本介護クラフトユニオンに加入していても、人手不足が解消されず、慢性的な労災状態に遭っている友人Dさんがいる。

Dさんは、関西の有料老人ホームに非常勤職員として7年ほど勤務している。介護福祉士として介護保険開始以前からのキャリアを持つDさんだが、過酷な労働環境の中で自律神経系の病気を発症した。それでも退職せず、闘病しながら非常勤職員として現場を支えている。

ある日、Dさんからメールが届いた。「こんなにも、日々辞めたほうが良いのかと考えることは久しぶりです。施設長は、私を自主退職に追い込みたいのかと強く感じます」。聞けば、もともと労災と言ってもいい病気にもかかわらず、最近異動してきた施設長からパワハラを受けているという、二重苦の状況だった。それだけでなく、過酷な労働環境によるストレスもあり、仕事が終わると立ち眩み症状が強く、休憩室でしばらく身体を休めてからでないと帰宅できないほど疲弊しているという。

当然だが、人手不足の現場で職員にパワハラをすれば、現場はますます疲弊する。しかし皮肉なことに、人手不足の現場ほど上司のパワハラが横行している。

利用者からのハラスメント調査をしたのは、日本介護クラフトユニオンだが、そこの組合員が職員にパワハラをし、さらに利用者に虐待をしているのに、元同僚が内部告発をしても組合が対応しない例を、私は知っている。

会社が組合の組織下にあり、組合費を給与から天引きされていても、賃金交渉に至ることなく、「給与が安すぎる」と内緒でダブルワークする正社員たちも大勢いる。彼らは当然疲れて、仕事が雑になり、利用者にもキレやすくなる。

Dさんの職場でも、2018年末から5カ月で5人の職員が異動、仕事量は2倍近く増えた。だが賃金は据え置かれ、自治体からの処遇改善加算も年5万円以上減らされた。夜勤職員も減らされ、利用者100人ほどに対し3人。日勤職員も1人減らされ、職員は慢性的な体調不良で欠勤者が多い。

休憩時間に記録をしないと申し送りに間に合わず、まともに休憩も取れない。転倒や入院など、利用者へのしわ寄せも強まっている。

組合員でも、救われない。そんな絶望と怒りを抱えながら介護職員は生きている。

追い詰められる介護職員

サニーライフ北品川で亡くなった被害者の方の御冥福を心から祈りたい。報道でみた被害者は優しそうな男性だった。だが誤解を怖れずに言えば、どんなに優しい人でも認知症になると、暴言や暴力が出るときがある。私の職場では、昼間は職員に優しい女性利用者が、夜間せん妄で職員に杖で殴り掛かったという事件もあった。

人材を厚くし、認知症対応を学ぶ研修などに頻繁に行ければ、暴言暴力を減らす対応の仕方を学ぶこともできると思う。だが現場は過酷な人手不足。外部研修などに行く時間もないし、良い研修は費用も自腹だ。懸命に働いても低賃金、研修もなく、いきなり認知症の利用者対応を迫られ、何かあれば極悪人扱い……。

「罪を犯してしまった介護職員が、自分の労働環境や心身の状態などを素直に話してくれたらと思います。本当の辛さや苦しみは本人しかわからないから。

介護者は聖人でもロボットでもない。心身に弱さや限界を持つ人間です。介護労働問題を本人だけの問題にしている限り、虐待はなくならないだろうし、セクハラやパワハラなどの状況にさらされながら介護職員は働いています。もっと正当な賃金、心身のケアなど、介護職員が大切にされる環境になっていけば、それに比例して虐待も減り、いろいろな介護問題も減っていく気がします」と前出のDさんは訴える。

いまのままでは、ますます介護職員のなり手はなくなり、団塊の世代を介護する日本人はいなくなる。「殺人」者が出てしまうような介護現場に、外国人労働者を招き入れて良いのだろうか？　有料老人ホームの夜勤は本当にキツい。夜勤中に虐待が起きやすいのは、そのことも無関係ではない。

介護職員は「BC戦犯」予備軍か？

私は常々、介護職員の虐待加害者は「BC戦犯」のようだと感じている。介護現場を外国人に担わそうとする政治体制は、かつて戦時下で朝鮮人や台湾人のBC戦犯をたくさん生み出した構造と酷似している。

介護現場という新たな「戦場」で、外国人によるBC戦犯が生み出されていくのではないだろうか？

介護保険を改悪し続ける財務省、厚労省、労働者を搾取する有料老人ホームの経営者、介護職員を守らない巨大労働組合こそがA級戦犯だと私は認識している。

だが、戦時下でもそうだったように、罰せられるのはいつも最前線にいて、利用者と直接対峙する介護職員たちだ。戦犯の子孫たちが政権を握っている日本で、いまや介護ビジネスは新たな「死の商人」と化している。いつも本当の犯罪者はのうのうと生き延び、「前線＝現場」はいつも人間性を剥奪されるような低賃金労働を強いられ、重税を課せられている人びとが支えている。

ここ数年「もやししか買えない！」と嘆く年収２００万円以下の介護職員の声をたくさん聴いた。昼休み、職員たちはカップ麺やおにぎりだけといった昼食が多い。そういう職員の多くは利用者にキレやすい。

今回の消費税増税により、介護職員は何を切り詰めて生きていけば良いのだろうか？東京23区内でも夜勤をしなければ常勤でも月16万円ほど。そこから社会保険料や税金を引けば手取りは13万円いかない。年収３００万円に遠くおよばず、都心部の介護職員は家賃の安い神奈川、千葉、埼玉などから長時間かけて通勤している。

最後に、２０１９年７月１日付の朝日新聞宮城県版の記事に掲載されていたデータを引用し、この論考を終えたい。

利用者を「本当に」殺したのは、誰なのか？

【参考】収入に占める消費税支払額の割合

年収400万円未満＝5・9％、年収600万円未満＝4・4％、年収800万円未満＝3・6％、年収1千万円未満＝3・9％、年収1千万円以上＝3・2％、平均4・0％（「2015年1〜12月、県生協連調べ（現場から　2019参院選）消費税：上　雇い止め…増税へ身震い」『朝日新聞宮城県版』）

ほとんどの介護職員は、年収1千万円以上の人の倍近く、消費税支払額の割合があるということなのだろうか。

（注）サニーライフ北品川の給与水準を、事件から約半年経った2020年1月15日に再び調べてみた。すると、夜勤なしの日勤で基本給16万円〜、夜勤ありで21万1500〜24万8千円（施設特別手当3万円含む）とあった。また、大田区のサニーライフ大森南の正社員の給与は、基本給17万〜で、各種手当込みで27万5千〜37万円と、こちらも事件直後より跳ね上がっていた。だが、北品川にはある施設特別手当という項目は大森南にはなかった。本文中で比較対象にしたニチイホームの給与も同日に再び調べたが、こちらは事件当初と変わらなかった。この跳ね上がった給与をどう考えるか。私には、事件前のサニーライフは、本当は払える経営状態だったのに、低賃金で雇用していたとしか思えない。

支援が支配と暴力に変容するとき

晩秋の寒い朝。私は強い雨音で目覚めた。覚醒した瞬間、２０１６年7月26日に、神奈川県相模原市で起きた津久井やまゆり園における障害者殺傷事件のことを思った。そして「この雨がやまゆり園で流れた血を全て洗い流してくれたらいいのに……」と、祈りにも似た気持ちを抱いた。

相模原事件の報道を観た瞬間、私は衝撃で凍りついた。脳裏に血の海の光景が焼きつき、いまも意識の底に血の海のイメージがある。やまゆり園の利用者や支援者が心配でならなかったが、知的障害者入所施設で働く息子から、「現場に行ったら衝撃で絶対に倒れる。倒れたら仕事もできなくなるし、原稿も書けなくなるよ」と弔問を止められた。

7月26日以後、私は相模原事件のことを考えない日は1日もない。ささやかな祭壇をつくり、百合の香を焚き、祈っている。

やまゆり園と似た施設に勤務経験があり、現在は一般企業で働くSさん（40代後半・女性）から「事件報道のとき、同僚が『またキ●ガイがなんかしたんだって？』『キ●ガイ同士のイザコザだよ。暗くなるし、汚らしいし……そんな話するのやめようよ』と言っていました」というメールがきて言葉を失った。

いわゆる「普通」の人びとは実際に手を汚さなくても、日常的に障害者を抹殺している。Sさんは施設で懸命に働き、9カ月で倒れ、事務職に転職した。そんな彼女から知らされた「一般社会」の現実は厳しかった。

私は知的・精神・認知症高齢者に関わる支援者たち（ケアワーカー、社会福祉士、精神保健福祉士、看護師、医師、研究者、運動体事務局）15人以上の声を聴いた。この文章は母子福祉、野宿者、児童虐待問題にボランティアで関わり、高齢者ケアワーカーとして生きてきた私の、ささやかな考察である。

「正義」の殺戮

「容疑者は、本人にとっての『純粋な正義感』を持って犯行に至ったのではないか」

そう分析するのは、心身障害者の大規模施設に勤務するOさん（20代後半・男性）。「正義の殺人」という声は複数の支援者から聞いた。

Oさんは「容疑者にはいわゆる被害者に対する『怒り』はないと思います。『重複障害者はいなくなればいい』という発想は、自分に暴力を振るった利用者への攻撃や復讐ではない。支援の困難や悩み、葛藤、利用者への個人的な恨みから生じた事件なら、そこに至る経緯を想像し理解できる。しかし同じ支援者として、仕事の行き詰まりから生じた事件とは思えない」と当惑する。

Oさんはさらに「対人援助職は人の『弱さ』に向き合う仕事。それは利用者の立場の『弱さ』と、支援者として日々の支援でイライラしたりうまくいかないことで悩む、自分自身の『弱さ』と向き合うことです。『重複障害者は不幸をつくり出すから安楽死させたほうがいい』という容疑者の考えは、他者に対し『生かすか』『生かさないか』という二者択一の立場に立っているように感じます。それは『この人たちと一緒に生きる』というものではない。容疑者には『障害者を生かしている』というスタンスが根底にあったのではないでしょうか」と、容疑者の支援者としての危険な優位性について分析。

「福祉職は、単純に利用者を『支える』ということだけではなく、『人（利用者）と一緒に生きる』という側面がある仕事ではないか」と語る。

Oさんの話を聴き、容疑者はやまゆり園の利用者と一緒には生きることができなかったから、安楽死という思想に走ってしまったのかもしれないと感じた。支援現場にいて利用者とともに生きられないというのは、砂漠のような心象風景に感じる。利用者とともに生きることこそが、私にとっては一番の賜だからだ。

そして「知的障害者の親には『この子を殺して自分も死のうか』と思い詰め、踏み留まった人がたくさんいると思います。出口の見えなさを日々感じている親もいます。しかし、今回の事件はそういった親の葛藤を一瞬にしてチャラにしてしまった。容疑者にそういった葛藤がなかったことこそが、一番の罪ではないかと考えます」と言うOさん。

当事者に寄り添って5年目の洞察が胸に響いた。

支配者の思想を内面化する支援者

相模原事件では、当事者の肌のぬくもりを知る容疑者が大量殺戮をした。アメリカのような銃の乱射ではなく、刺した瞬間の肉の感覚や、返り血や、血の匂いにまみれるナイフによる凶行だった。「支援者」による「被支援者」に対する殺戮に、同じケアワーカーである私は打ちのめされた。

しかし、事件以後、いのちに寄り添うケアワーカーたちが、いのちを剝奪する思想の政治を支持し、その思想を内面化するような発言をするのを度々聴いてきた。世界中に満ちている、いのちを選別し、排除する危機的状況が、いのちを支えるはずの人びとにも蔓延している。その根底には、障害者・高齢者・病人は「生きているだけ税金の無駄遣い」という思想がある。同僚たちの声を注意深く聴いていると、利用者に対し「入所待機者はいくらでもいる」という発想がある。

脱水症気味の利用者にポカリスエットをあげたいと提案したとき、「ポカリは値段が高い。医者の指示もないし、あげなくていい。ここに入りたい利用者はいくらでもいる」とケアマネジャーに言われ、絶句した。

このエピソードからわかるように、市場原理を内面化した支援者によって、利用者は「商品」と見なされている。

長くケアワーカーをしてきた人の中にも「植松容疑者」は潜在する。

65歳の認知症支援者Dさんと2025年問題について話したとき、彼女は「（自分が世話をしている）年寄りが早く死ねばいいのに」と険しい面持ちで言い放った。Dさんは、高齢者の延命は税金の無駄遣いと思っていた。メディアやSNSで麻生太郎や曽野綾子の「高齢者は長生きするな」的発言が垂れ流されるなか、一緒に支援をしている同僚の発言はインパクトが強く、私の心には抜けない棘が刺さったままだ。

人間存在が「善」だけで成り立てばいいと言うつもりは全くない。「悪」もまた人間存在の重要な要素だと私は考える。だが理性によって制御されるはずの「悪」が、ここまで露骨に言語化されるようになったのは最近の傾向に思える。

私は1985年からさまざまなケアワーカーと出逢ってきた。利用者の悪口を言う人もたくさんいた。だが「早く死ねばいい」とか「こんな仕事はなくなればいい」と言うような人とは会ったことはない。

政治やメディアが社会保障費の増大や年金破綻の問題を当事者の責任のように喧伝してきたことが影響しているのではないか……。

あるいは、正社員でも年収300万円に満たないケアワーカーの低賃金。社会保険料や税金を独身なら5万円近く払い、高齢者や障害者を支えても、自分たちが高齢者になったときには年金はおろか介護を受けられるかどうかすらわからない。

労災でも医療費は自己負担という現状、未来に対する絶望が、日々自らが介護している存在に対して「刃」として向けられているのではないだろうか。

だが、そんな人びとこそが、低賃金で蔑まれながら、利用者の排泄ケアをし、利用者からの暴言や暴力にも耐え、悪戦苦闘しながら現場を支えている。そのことをよく知る私は、彼らを簡単には批判できず、内的葛藤が深まるばかりだ……。

支援者の闇

「他者を助けたい」という気持ちにこそ、支配欲が潜在してはいないだろうか?

植松被告が勤務を始めた頃に入所者に抱いていた「可愛い」という感情も、入所者の年齢やその内実をよく見つめれば、上から目線の支配欲と言える。

知的障害者の作業所を立ち上げたことのあるAさん(30代後半・女性)は、「福祉=感謝される仕事。私はこの考え方が嫌いです。社会福祉が制度として根づく前、お金がある人が施設をつくり支援した時代はもう終わった。平均的な給料をもらえる仕事でいい。そういうふうに思われないのは、世間が障害者や高齢者、支援者の本当の姿を知らないから。私たちの負の部分を知って欲しい」と訴える。

彼女は「容疑者が『食うための仕事』と割り切っていたら、事件は起きなかったのでは……」と分析している。

また、私が出逢ったケアワーカーや福祉系支援者には、過去に虐待やDVを受け自己評価が低い人が高い確率で存在する。福祉現場に30年近く身を置いた実感では、支援者には虐待やDV被害者が6割は存在すると感じる。

私もまた被害当事者であり、思うに、ケアが必要な人ほど、無意識に支援者になり、ケア役割を担う場合が多いのではないか。

似たような話は支援者の友人たちや、福祉系の大学教員たちからも聞いている。アメリカには、暴力（心理的を含む）の被害に遭った人が高い確率で「支援者」になっているという調査もあると、精神科医や臨床心理士の友人が教えてくれた(注)。

あるグループホームでは、私が直接本人から聴いただけでも、女性職員10人のうち4人がDV被害者。男性職員10人のうち6人が児童虐待の被害者だった。30代になっても「お前はダメだ」と心理的虐待を受けていた男性や、DV被害者の母から、長年にわたり心理的虐待を受け続けていた20代半ばの男性Bさんもいた。Bさんは「自分の未来はホームレスというイメージしかない」と泣きながら、私に苦しい胸の内を話してくれた。

またケアワーカーのKさんは、同僚の発言に驚愕した経験を語ってくれた。「30代の男性Wさんは相模原事件について『合理的だと思います。自然界では弱い生命は淘汰されますから』とか『こんな仕事はなくなればいい』と言います。この仕事がなくなればいいということは、介護されることが良くないということ。生まれながらに人の手を借りなければならない障害者などは、存在自体が否定される優生思想そのもの……。Wさんは理知的で真面目。利用者には丁寧な対応をしますが、彼が抱える深い闇に私は戦慄し、言葉を失いました」と語る。

しかしKさんは、後にWさんが幼少期に人格が破壊されるような虐待を受けていたと知る。「利用者に優しい彼が、時折発する暴力的な発言……そのアンビバレントさに彼も虐待されていたのではと感じていました。ある日、実は彼の親も虐待されており虐待の連鎖の中で育ったと話してくれました」。

これらの「闇」を抱えた職員が、施設での管理・監視の体制の中で弱い立場に置かれた利用者を支配することで、虐待者へと変わってしまうのではないだろうか……。

ともに生きるための模索

清水さん（精神保健福祉士）は「施設の中で障害者の権利が守られていません。精神病院で権利侵害されていた問題と同じことが地域の障害者施設でも起きています。障害者と支援者との間にある圧倒的な力関係を変えない限り、どんな制度も施設も無意味だと感じます」と訴える。

また知的障害者の支援者Mさんは「障害者団体の言う『地域移行を進めれば～』というのも、方向性としては間違ってはいませんが、グループホーム建設に反対運動が起こる現状では、短絡的には言い切れない。他の施策をちゃんと進めることも同時にしていかないといけないと思います」と語る。現状は東京都在住の知的障害者が北関東や青森、北海道の巨大施設に追いやられ家族の面会すらままならない。また地方の施設は地元の失業対策になっている。そもそもケア労働が失業対策と見なされていることが問題であり、当事者たちがどのように見られているのかを象徴している。

私はこの10年間で4カ所のグループホームと4カ所の小規模デイサービスで勤務し、小規模施設における虐待や職員間のハラスメントの深刻さを身をもって体験した。勤務開始2週間以内にドクターストップがかかった現場は3カ所。

入居者60人の有料老人ホームでは上司からのパワハラが酷かったが、空間が広く「死角」と「逃げ場」が多くあったため、2年近く続いた。業務上の不利益変更で喘息となり退職したが、利用者や同僚との関係は小規模よりも楽だった。

個室の特別養護老人ホームで働く友人から、「以前は４人部屋の施設にいた利用者から『前のほうがマシだった』と言われました」と聞いたこともある。利用者も職員も人数が少なく、「死角」がない小規模施設は職員の監視体制が強まるし、空間も狭いため煮詰まりやすい。同様の声は４人の支援者からも聞いた。当事者や支援者の心理状態によっては、大規模施設のほうが良い場合もある。一番望ましいのは、当事者が自分に合った暮らし方を選択できる自由と、選択肢の多さではないだろうか。

排除され責任を負わされるケアワーカー

相模原事件が起きる前から、排泄や入浴介助をするケアワーカーほど、社会的下位に置かれ排除されてきたと、私は感じている。「見えない存在」にされ、リスペクトされず、看護師やケアマネジャーからも差別され、認知症の利用者からも差別される場合がある。

認知症の女性利用者が、慶應大学出身の男性施設長に「いい大学を出てるのに、こんな仕事してたらダメよ。ちゃんとした仕事を探しなさい」と諭す場面を見たこともある。そういった価値観でケアワーカーを差別しないと思われる重度心身障害者が、この社会のシステムから一番差別・排除され、今回の事件で抹殺された。

介護職と言うと「偉いですね（でも自分には関係ない）」という反応……。当事者のことを知ろうとしない人びとが、ケアワーカーをも排除する。排除は尊厳を奪い、尊厳を奪われた存在は、より弱い者を支配する欲望を持つ。その支配と被支配の構造的暴力を打ち破るのは何か……。それは、利用者と支援者が、ともに生き、対等な関係を築こうと模索していくことだろう。

海外で障害者の性について研究しているEさん（30代・女性）は「ここでは福祉職に携わる人びとに、take care of yourself（自分を大切に）という言葉かけをよく耳にします。今回、利用者だけでなく、被害に遭ったケアワーカーにも十分な心のケアはされているのか心配になります。事件の検証委員会に、ケアワーカーの立場で発言している人は入っているのでしょうか？　対策が不十分だったと言いますが、ただでさえ人手不足なのに、どんな対策をしろというのか、具体的な提案を聞いてみたいです」とコメントしてくれた。

「ただ生きる」ことがなぜ許されないのか

「『ただ生きる』ことが、幸せにつながる瞬間であり『ただ生きる』ことが肯定される。それがなぜ許されないのか……。資本主義社会に適応し、効率的に資産を増やし、物質的豊かさを希求することを理想とする人間にとっては『ただ生きる』ことは、社会の足かせのように思えるのかもしれません。相模原事件は『ただ生きているだけ』と捉えられた障害者に対し、容疑者が優生思想を信条とする人間を代表して行為に及んだと感じました」と知的障害者の支援をしているHさんは語る。すでに生産性がないと見なされた高齢者もターゲットになっている。誰にとっても相模原事件は他人事ではない。

そして何よりもトラウマを負った当事者や遺族、ケアワーカーに対して、心身へのケアの助成と社会保障を国に要望したい。

いま、この瞬間も当事者を支援しているケアワーカーを労って欲しい。なぜならケアワーカーに対するケアがちゃんとなされなければ、しわ寄せは当事者にいくからだ。被害に遭った障害当事者の後遺症は筆舌に尽くしがたいはずだ。そんな被害者たちを支えるためにも、社会全体で被害者とケアワーカーを支援するシステムを構築したい。でなければ厚労省が謳う地域移行は絵に描いた餅……。ケアワーカーの離職率は加速するだろう。

取材協力してくれた仲間たちの想いが深い祈りとなって、やまゆり園の当事者や現場を支えているケアワーカーたちに届くことを、切に願ってやまない。

(注)

Phyllis N. Black, Dorothy Jeffreys, Elizabeth Kennedy Hartley, 1993, “Personal History of Psychosocial Trauma in the Early Life of Social Work and Business Students,” *Journal of Social Work Education,* vol.29, issue 2, 171-180.

Pauline Phillips RMN BA (Hons) Cert Ed MPsychother, 1997, “A comparison of the reported early experiences of student nurses with those of a group of people outside the helping professions” *Journal of Advanced Nursing,* vol.25, issue 2, 412-420.

現場に蔓延する「相互暴力」

2018年4月、介護職員が利用者や家族から受けているハラスメントの実態を、日本介護クラフトユニオンが調査し、結果が公表された。回答した約2400人の組合員のうち74%がなんらかのハラスメントを受け、うち94%がパワハラ、40%がセクハラを経験していた。調査結果が報道されたときは、#MeToo運動の広がりもあってか、介護現場のセクハラに注目が集まった。だが、現在、それらへの言及はほとんどない。

私はずっと利用者への虐待と向き合い、それらと闘う仲間を記事にし、支援を呼び掛けてきた。しかし、今回は介護保険制度が破綻するなか、慢性的な人手不足を背景に、社会的にネグレクトされた利用者と職員とが互いに暴力をし合う実態を伝え、解決の糸口を模索してみたい。

深刻なトラウマと二次被害

性暴力は最も深刻な暴力であり、「魂の殺人」と言われる。だが介護現場の性暴力は、刑事事件レベルでも被害届は出されない。また「セクハラ」という言葉が、面白おかしく消費されている。

「忘れたくても、心の傷が残っている。自分の存在を侮辱されたような、とても嫌な感情が……」と訴える花田さん（仮名・40代・女性）は介護保険開始前から現場を支えてきた。だが、彼女は利用者からの性暴力のトラウマに長く苦しんできた。

10年ほど前の訪問介護ヘルパー時代、身体介護で訪問していた60代の元警察官Aさんから、彼女はレイプ未遂に遭った。Aさんは花田さんの訪問時、いつもアダルトビデオを観ていたが、ある日いきなり強い力で彼女を押し倒してきた。

必死でもがき払いのけたが、自分が被害に遭ったことを報告して、初めて他の職員も被害に遭っていたことがわかった。上司が何度話しても加害行為は止まず、サービスは中止に。Aさんは元警察官の柔道経験者。寝技を掛けられたら逃れるのは大変だったはずだ。

彼に進行性の障害がなければ、未遂に終わらなかったのではないだろうか……。

施設に勤めていたときにも、彼女は被害に遭っていた。利用者からベッドに引きずりこまれそうになり、２人対応で被害を回避した。

入浴介助時には、自分で洗える利用者から股間を洗うように言われた。さまざまな被害は彼女の自尊心を傷つけ、フラッシュバックなど、彼女の心と魂に深いトラウマを遺した。


花田さんと同じく癒えないトラウマに苦しむのが、２０００年からケアマネジャーをしている原田さん（仮名・50代前半・女性）だ。彼女は２００８年頃、訪問先で「あんた意外にいい女だな。ここに入れよ」と布団に引きずりこまれそうになった。すぐに地域包括支援センターに連絡し担当を変えてもらい、以後、利用者宅に訪問する場合には、家族かヘルパーがいるときにしている。

それでも、そのときの強いストレスからか、いまでも思考がまとまらないときがあり、スポーツジムで汗をかいて発散しているという。


性暴力は直接的なものとは限らない。介護職員に対し、過去のレイプを武勇伝のように語る。妻や娘、あるいは過去知り合った女性への侮蔑的な発言をする……。それは精神的暴力だ。

2004年から訪問介護や老人保健施設で働いてきた上川さん（仮名・50代前半・女性）は、2012年頃、施設での入浴介助中、80代の全介助の認知症男性Bさんから悪質な言葉のセクハラを受けた。彼は現役時代、東南アジアで仕事をしていたためか、それは東南アジア女性に対する侮蔑に満ちた暴言だった。それを聴いて私は、元企業戦士たちによる外国人介護士に対する悪質なセクハラが今後多発するだろうと確信した。


また、訪問介護ヘルパーの友人と、春の陽が差し込むカフェで会ったときのこと。

「ヘルパー資格を取って初めて担当した利用者さんから『俺は戦時中、12歳の朝鮮人慰安婦をやりまくったんだ』と言われ、話を逸らそうとしたんですが、6畳と台所しかないアパートで……。2時間近く耐えて、1回目の訪問で担当を変えてもらいました」

彼女の話を聴いた瞬間、私の景色は色を喪った。性暴力サバイバーの私はフラッシュバックしたのだ。学生時代に慰安婦問題を調べていたこともあり、過去に見た慰安所の写真が甦り、12歳の少女が薄汚い小屋でレイプされている光景が見えてしまった。私は1カ月ほど、心身の不調に悩まされた。

別な知人からは「寝たきりの男性のオムツ交換のときに『俺は戦時中、女をやりまくった』

と言われ、介護職そのものを辞めました」と聴いた。そのときも私は身体が硬直し、その後の記憶がない。彼女の表情と言葉だけが脳裏に焼きついている。

これらのエピソードには、過去の戦時下での性暴力→現在の女性への言葉の性暴力→そして私への間接的な性暴力（セカンダリー・トラウマ）という重層的な実相がある。性暴力は、それを受けた人だけでなく、被害状況を聴いた側にも深刻なダメージを与える。

セクハラ加害者の心理構造とジェンダー

どのような利用者がセクハラをするのか。そして、なぜセクハラをするのか。

認知症のある利用者による加害の割合が高いという意見もある。だが、強く拒絶したり、仕返しができる職員、権威ある立場の施設長などはセクハラされないことが多いことを鑑みると、権力を持たない、やりやすい相手を選んでいるように思える。認知症利用者も、自分と職員の力関係を読み、自分に不利にならないように行動することがある。

これはあくまでも私の感覚だが、セクハラをする利用者は、認知症であってもセクハラをしている自覚があるのでは……と思うときがある。

脳の器質的に衝動のコントロールが難しい認知症利用者もいるが、セクハラをする利用者の言動を見ていると、その瞬間の行為の意味は理解しており、職員が嫌がると面白がってエスカレートしていくように見受けられる。だから、利用者の「砦」であり「密室」となる訪問介護でのセクハラが一番深刻なのだ。

セクハラの要因については、一概には言えないが、利用者は、介護を受けることで支援が必要な社会的「弱者」と見なされるようになる。中でもそのことに不服な利用者は、力関係を自分に有利にしたいという意識が働いているように思う。

性暴力は、特にDVや性暴力被害を受けた女性にとってはダメージが強いため、人によっては言葉や視線だけでも破壊力がある。「弱者」になった自分を肯定できない利用者は、かつて自らが持っていた支配力を復権させようと、性暴力を武器にする。

家族までもが便乗し、ヘルパーにセクハラをすることもある。2018年の調査でも、利用者の家族（男性）からのセクハラについて問題視されていた。これについては、「密室」ということも大きいが「家庭」という理由もあるのでは……と私は思う。

ヘルパーが賃労働として行っている家事や介護は「嫁」や「娘」がすれば無償労働。そんな女性のジェンダー役割を女性ヘルパーに期待しているのではないだろうか？　DVさながらの暴言や侮辱、セクハラが後を絶たない。家族からのセクハラは私も経験したが、犯罪であり、警察に被害届を出していくべきだ。

性暴力はエロスの発露ではない。性暴力とは、主に男性が担ってきた支配と暴力の問題だ。その認識をきちんと持たない限り、本質的な解決策は生み出されない。

性暴力加害の持つ重層的な問題

利用者・家族だけではなく、職場での性暴力も問題だ。前出の花田さんは30代後半のとき、同僚の男性からセクハラを受けた。他の職員もその同僚からの被害に遭っていた。男性職員に対する女性利用者や女性職員からのセクハラも深刻だ。上司に訴えても男性の被害は軽視されがちで、真剣に対応してもらえないことが多い。特に認知症がない利用者からの被害は深刻で、心身に不調をきたした男性職員もいる。40代の女性職員が20代の男性職員にセクハラし、鬱病に追いんだケースもある。加害女性は、女性の後輩が利用者からのセクハラに悩んでいても「セクハラなんて仕事のうち」と言い放ち、後輩のトラウマをさらに悪化させた。

被害者の苦しみをよそに、性差別を内面化し、性暴力を肯定する同業者からの二次被害が後を絶たない。「いちいち気にしていたら仕事にならない」「隙があったのでは」「あなたが誘ったんでしょう」と言われ傷ついた声を全国の仲間から聴き、私も目撃してきた。「対応が未熟だからセクハラに遭う」という意識は、現場だけでなく、著名な福祉系研究者にも蔓延している。長年介護の現場にいた私も、利用者からのセクハラをなかなかわせなかったひとりだ。言葉のセクハラによって、帰宅途中に道端で嘔吐したこともある。セクハラ対応は仕事ではない。セクハラは暴力であり、人権侵害だという事実を、職員や研究者にきちんと認識して欲しい。

利用者や職員からセクハラ被害に遭っても、上司や事業所の対応が良い場合は離職しないで済むが、職場環境による二次被害で人間不信になったケースもある。私の場合は不便な現場に異動させられるといった上司からの二次被害に苦しみ、転職を余儀なくされた。そして、焦って転職したことで新しい会社の様子が見極められず、その後、さらなる被害に遭い続けた。

トラウマが癒されていない被害者によくあることだが、環境を変えてもさらなる被害に遭いやすい。私の場合は、利用者からのセクハラより、上司（女性もいた）からの理不尽な要求や、言葉の暴力などのパワハラに遭いやすくなった。その度に不調となり、前職でのトラウマを癒してくれた利用者との別れを余儀なくされた。

心を込めて関係を紡いだ利用者との別れ……。そのことが何よりも辛かった。

難しい対応策

訪問介護や施設の管理者たちから、セクハラ対応の難しさを聞いている。訪問介護の2人対応は2人分の費用負担になるため、利用者や家族の理解を得るのが難しい。セクハラ常習者の多くは厳重注意しても、ヘルパーを交代しても、セクハラをやめない。訪問介護ならサービス中止、施設なら退所しかない。認知症がない利用者には2人対応の費用負担を突き付けたところ、やっと被害が止んだという。

2011年から訪問介護ヘルパーとして働く藤田さん（仮名・60代・女性）は、2017年、身体へのセクハラを受けた。社員がすぐに同行して現状を把握。認知症による性的行動だったため、2人対応にし、窓や玄関を開けて警戒したら収まった。事業所は彼女に「セクハラが収まらない場合はサービス中に帰って良いし、担当を変えます」と言い、家族にも報告してくれ、安心したという。

藤田さんは対応策として「同性介助を原則にする。セクハラが1回でもあったら担当を外す。2人体制など職員の負担をなくす仕組みをつくる。認知症による性的行動について教育、訓練をする。収まらないときはサービスを中止する。また過去の被害でトラウマが癒されていないヘルパーは、不利益な労働条件にならないことを前提に、異性介助から外す」と提案している。

ただし訪問介護の場合は家族（娘）からの二次被害もある。「セクハラぐらいで……」と言われ、2人対応の費用負担に難色を示された事例もある。ただでさえ人手不足なのに、加害者に人手が割かれ、他の利用者への支援が手薄になることは、加害をしない利用者に対する二次被害と言える。そうしてセクハラで離職する職員は、理由を言わずに黙って現場を去っていく。

介護労働安定センターの2017年と2018年の調査では、11年前にはあった利用者からのセクハラ被害を問う項目がなくなっていた。そのためか2018年、日本介護クラフトユニオンによる調査結果の「セクハラ被害4割」という数字が注目されたのだろう（実際はもっとあると仲間うちでは囁かれている）。

アンケートでセクハラが4割しかないのは、被害者が離職しアンケートを書く立場にないからではないのか。職員へのセクハラは、深刻な人権侵害であり、介護現場の人手不足の重大要因であることを、声を大にして訴えたい。

訪問看護師に対するセクハラも問題になっている。日本看護協会は、２０１８年4月に厚労省に実態調査を働きかけた。

精神科訪問看護師で看護系大学の講師、宮子あずささん（50代後半・女性）は病棟勤務時代のほうが身体接触が多いため、身体へのセクハラも多かったという。

「精神科訪問看護は身体接触が少ないためセクハラは少ないと感じます。また私の職場は輪番でいろいろな人が行くため関係が濃くなり過ぎず、看護師が抱え込み過ぎないメリットがある。被害があった日はすぐ訪問を打ち切り、以後は男性が2人対応。精神科の患者さんは治療がうまくいっていれば穏やかです」という。

「相手が『弱者』だから『言ってもわからない』と暴力を容認するのは間違い。怒るときはしっかり怒っていい。支援者は自己主張を制限され忍従し過ぎている。私は患者さんから暴力があることについても、学生に話しています」と語る。

看護師や看護師団体のきっぱりした態度にくらべ、日本介護福祉士会が対策に乗り出したという情報はない。私が講師を勤めたヘルパー養成講座でも利用者からのハラスメントは語られない。運営側から講師に対して「(客が来なくなるから)ネガティブなことを言うな」という圧力もある。だから、資格取得者はたくさんいても、人材が現場に定着しないのだ。

だが、現場は綺麗事ではない。自衛すべきことも多いという現実を伝えないのは受講者に対する「詐欺」だ。被害を隠蔽したり被害に遭ったときにきちんと対応しない組織は、介護職員の安全義務を守らない組織だから、私は転職していいと思う。

離職を回避できた事例

当たり前だが、セクハラを受けた介護者の離職を防ぐには、対応策を講じるしかない。

2002年から訪問介護ヘルパーとして働く廣澤さん(仮名・50代後半・女性)は2000年代の中頃、体を密着させるような介護を必要としない男性利用者から「ダンナが初めての男か? 週に何回している?」などの言葉のセクハラを受けた。「ノーコメントです！」ときっぱり言うと、その後利用者からの嫌がらせが続いた。事務所からは他でもセクハラ被害があると聞いたが、直属の職員は改善の努力をしなかった。

「いまならトップの所長に直談判していると思うが、その頃にはそこまでのしたたかさや徹底した姿勢がなかった。ただ事業所の本部に信頼できそうな人が多かったから、退職はしなかった」と語る。


岡田さん（仮名・40代後半・女性）は２０１２年から働く訪問介護事業所の管理者として、人事管理や事務だけでなく、利用者宅に行き、家事支援などもしている。昨年、家事援助で訪問していた独居の男性利用者から「今晩家に泊まって、一緒に寝て欲しい」と言われた。

幸い彼女が相談した同僚や上司は真摯に受け止め、事業所ならびに組織として利用者に働きかけ、改善の努力をしてくれた。またセクハラ常習の利用者の担当ケアマネジャーに連絡し、注意してもらったこともある（だがその利用者によるセクハラはなくならず、サービスは中止）。

「訪問介護の場合、密室で利用者とふたりきりになるため、高齢者であっても怖いと感じることがあります。利用者の家族が業務中に背後から見ているときなど、恐怖を感じるときがあります」と語る彼女だが、転職に至らなかったのは「対応策があることを理解したから」だという。

利用者からのセクハラの告発をめぐって

セクハラの告発に関しては、私も経験があるが、筆舌に尽くしがたい困難さを伴う。そのためか介護現場にあるセクハラ、性暴力被害に対しての告発に関しては、被害を受けた介護職員の中でも意見は分かれ、一枚岩ではない。

「私たちも利用者からのセクハラを告発する必要がある。社会的気運が高まればいいと思う」と訴えるのは廣澤さん。

認知症対応型グループホーム等の管理者を務めてきた木崎志づ香さん（70代前半・女性）は「セクハラ問題に取り組む姿勢がなければ、現場の人手不足は改善されない」と告発の意義を訴える。

一方、労働組合の組合員として介護現場の組織化に苦労してきた立場からは「介護職員は非正規が多くて、賃金交渉すらできないのに、セクハラの告発までは無理でしょう」という現実的な意見もある。

また、労働組合もある訪問介護事業所のサービス提供責任者（コーディネーター）として、

2000年代半ばの介護保険改訂の嵐を潜り抜けてきた経験者は「非常勤の訪問介護ヘルパーは直行直帰のためヘルパー同士の横のつながりがつくれない。団結して告発するのは難しい」という見解を話してくれた。

また前出の藤田さんは「セクハラを告発するか否かは当事者が決めるべきで『私』が基本。被害者が声をあげられるような情報提供や、相談した支援者から二次被害が起きない対策、事業所の教育が必要」と慎重であることの必要性を語っている。

構造的な問題としての性暴力――「相互暴力」の実態

介護現場でのセクハラや性暴力を考える上で、認識しておかなければならないもっと大きな問題がある。

施設で働いた経験者からは、女性職員に対してセクハラをする男性利用者は、女性利用者にもセクハラをしているとの報告があった。若い職員だけでなく、高齢の職員や利用者も甚大な被害に遭っている。

私も2013年頃に勤務していたデイサービスで、利用者を被害に遭わせないため、加害する男性利用者を常に監視していた。80代前半の利用者Cさん（認知症はない）は、認知症が重く抵抗できない女性利用者数人と女性職員をターゲットに、身体的セクハラを繰り返した。女性利用者が被害を受けないよう、社内の別なデイサービスに異動してもらうも、すぐにターゲットがたくさんいる元のデイサービスに戻ってきた。

なぜなら売上げ最優先の会社にとって、Cさんは毎日通所する「金になる顧客」。被害者は被害を訴えられない重度認知症の女性たちと女性職員たち。被害者には夫もいたが、会社は被害を報告せず、会社あげての黙認のなか、加害はエスカレートした。そのデイサービスは、悪質なセクハラ、暴言、暴力行為で、どこの施設からも出入り禁止になった利用者を毎日通所させて売上げを伸ばしていた。

私は30年以上現場で生きてきたが、２００６年の介護保険改悪以降、賃金引き下げ、非正規の増大、研修が激減していく様をつぶさに見てきた。介護保険改悪の嵐。それは現場を荒廃させた。職員による虐待は２０１８年までの5年間で3倍。２０１６年度は４５２件。２００６年度の調査開始以来、最多だった（厚労省平成27・28年度調査による）。

一方、２００７年の介護労働安定センターの実態調査では、利用者からのセクハラ被害を受けたヘルパーは平均11％。調査媒体により数値は違うが、２０１８年は３～８割に拡大。利用者からのセクハラは、職員の利用者虐待と比例しているのではないか。介護現場では、利用者と介護者がお互いに暴力を振るっている状況だと言える。

介護現場でのセクハラや性暴力を考える上では、まず利用者と職員間に蔓延する「相互暴力」について認識しなければならない。そしてその背後には、介護保険の構造的問題がある。市場原理が貫徹した介護保険によって生み出された人手不足で、現場は年々荒廃。暴力のない体制をつくるには管理者の徹底的な教育、介護保険の構造的な欠陥を修正するしかない。そして、その世論をつくるのは介護保険の利用者にほかならない。

暴力の関係を越えて……

「彼女たちに何するんだー！　やめろー！」若年性認知症の男性利用者Dさん（60代）は、セクハラ常習者の男性利用者Eさん（80代）の前に立ちはだかった。その話を元同僚から聞いたとき、私は目頭が熱くなった。

かつて、Dさんはとても腕の良い美容師だった。彼がいた施設に勤めていた頃、私は彼が不安になる夕方に「買い物に行くので、手伝ってくれませんか？」と声をかけ、スーパーに行っていた。白髪染めが売っているコーナーで「私にはどんな色が似合うかしら？　プロの眼で見立てて！」と伝えると、「あなたにはこの色がいいかな～」と選んでくれた。

美容師としてのキャリアをリスペクトし、助言を求めたとき、私は介護する立場から、真剣に助言を聴く立場になった。私が「もう年だから……」と言うと「そんなことを言っちゃいけないよ。女性はいくつになっても、その時々の美しさがあるんだからね」と言ってくれた。Dさんとの時間は、とても柔らかな、温かい記憶として魂の奥深く刻まれている。

他者を決して侮辱しないDさんが女性職員のため、初めて声を荒げた。その瞬間「介護する側／される側」の境界が消え、対等な、尊厳ある関係性が生まれたのでは……と思う。

しかし、前出のEさんからのセクハラが原因で、私はそのデイサービスからの異動を余儀なくされた。Eさんのセクハラが酷すぎて、他の施設が受け入れを拒否。Eさんが私の職場に毎日通所するようになったからだった。

慈愛の記憶が勇気を生み出す

歌の大好きな女性利用者が集うあるグループホーム。私は利用者と歌うのが楽しかった。

認知症の人が不穏になりやすい夕方。私は、皆が好きな歌のビデオを流し、回想法をアレンジし想い出話を聴くようにしていた。しかし、ケアマネF氏が断りもなく、歌の途中にいきなりビデオを消した。その途端、それまで気持ちよく歌っていたGさんが「私、うちに帰ります！」と目をつり上げて立ち上がった。

私が利用者とともに楽しくつくりあげた時間は、いつもケアマネF氏に破壊され、利用者は不穏になった。彼が夜勤の翌朝、認知症が一番重いHさんの身体にはいつも痣ができていた。私は都の福祉局、区の虐待通報担当課、地域包括支援センター、会社の労働組合に相談したが、何も解決しなかった。区議会議員の知人からは「警察に通報するレベルでは？」と言われた。

ケアマネF氏が夜勤に入っているとき、利用者のHさんが頭を2回も打って、頭から首にかけて痣だらけになっているのを訪問看護師も目撃。病院に連れていかない管理者の対応を批判した。だが訪問看護師も、管理者には受診を促さなかった。たまりかねた私は区に実名で内部告発したが、事務的な対応しかなされなかった。

私は大好きな利用者たちへの虐待を目撃したストレスから体調を崩し、心因性喘息と診断された。医師からは「発作が起きたら、救急車を呼ぶように」と指示された。過去に喘息発作で死亡した上司がいた私は、いのちの危険を感じた。私は利用者の痣を携帯電話で撮り、ケアマネの友人と息子に見せ、ふたりの勧めもあり転職した。

退職後、UAゼンセン(ハラスメントの調査をした日本介護クラフトユニオンと同じ上部組織)傘下の元勤務先の労働組合に、虐待を通報したが埒があかなかった。その後、同じ会社の別の施設で、職員が虐待の疑いで逮捕された。

だが朝日新聞には会社や事業所名はなく、容疑者の名前、年齢、居住地のみが報道された。容疑者の個人的な問題として報道するあり方、またそれを追認する社会全体に対して激しい怒りを感じた。

誰も利用者に手をあげた加害者や、内部告発をした私たち職員の声を真剣に傾聴しない。

本来なら利用者の一番近い「場」で、利用者の心身に寄り添うはずの心と手は、慈しみではなく暴力の道具と化している。暴力のループを断ち切るには、利用者も職員も「人間」としての尊厳を取り戻すのが第一歩だ。

歴史を振り返れば、いつの時代にも人間の尊厳は尊重されてこなかった。だが、どんな苛酷な戦時下でも、人間の尊厳のために闘った人びとは存在した。

困難な道程だが、利用者との邂逅で紡ぎ出された慈愛の時間……。そのかけがえのない記憶の結晶こそ、現場の仲間たちの魂を癒し、変革への勇気とエネルギーを生み出していく。そう信じて、私はこれからも変革のために祈り、行動し続けたい。

追記

元ホームレスの利用者Iさん(70代後半・男性)はさかんに下ネタを言うが、なぜか私は「セクハラ」と感じない。それは下ネタであっても、私の身体には決して言及しないからかもしれない。あるいは、セクハラが「利用者」と「支援者」間の権力構造の問題であり、Iさんが私に対して決して権力を振りかざさない立ち位置だから、ハラスメントとは感じないのではないだろうか。

参考文献

結城康博・米村美奈・武子愛・後藤宰人(2018)『福祉は「性」とどう向き合うか——障害者・高齢者の恋愛・結婚』ミネルヴァ書房。

ジュディス・L・ハーマン、中井久夫訳(1996)『心的外傷と回復』みすず書房。

グループ・ウィズネス編『性虐待を生きる力に変えて(全6巻)』明石書店。

女性ヘルパー、いのちがけの妊娠・出産

日本医療労働組合の２００８年調査では、介護士の24・７％と、約４人に１人が切迫流産を経験している（一般は17・１％）。

同じく日本医療労働組合の調査では、労働基準法上では妊産婦の請求で夜勤が免除されるにもかかわらず、介護・看護職の妊産婦の３～４割が夜勤に入っているという実態が報告された。２００９年の女性労働協会が行った調査では切迫流産26・９％、切迫早産21・２％と、介護士の4.２人に１人が切迫流産や切迫早産を経験している。

妊娠した女性たちが新しいいのちを喪失する危機に直面しながら、介護・介助現場で必死に利用者のいのちと向き合っている。

私は20代半ば、女性の妊娠、出産などのセクシュアリティにまつわるケアができるよう

になりたいと鍼灸学校で学んだ。その志は遂げられず、鍼灸を生業にはできなかったが、そんな想いから、介護・介助現場の女性たちの懸命な姿を取材した。

念願の妊娠も……

認知症対応のグループホーム勤務のAさん（40歳）は、念願の妊娠をした。施設長判断でただちに週1回の夜勤は免除され、日勤だけに。だが、会社が別会社に譲渡され、混乱していた時期だった。フロアリーダーだった彼女は、新人の指導やたくさんの事務を抱えていて、2週間で流産。1カ月後に復帰、3カ月を経て再び妊娠したが、今度は1週間で流産した。心身ともにダメージを受けたAさんは長期療養を余儀なくされた。

妊娠中、障害者の重度訪問介護のヘルパーだったBさん（29歳）は、「妊娠は狙ってできるものではないので、身体を大事にしなければならない初期には交代要員がおらず、休めません」とヘルパーに流産の多い背景を教えてくれた。一対一の訪問介助では、出血や腹痛があっても急には休めず、医師からドクターストップがかかっても現場を優先。彼女が妊娠していたときは、同僚が2人妊娠していたため、出血や腹痛があっても、薬を飲みながら介助をした。

妊娠初期は、週40時間の勤務で夜勤は月1回程度。安定期に入ってからは、週40時間と残業が5〜8時間。月2回ほどの夜勤では大きなお腹で、体重の重い全介助の利用者のシーツ交換や体位交換をしていた。腹圧がかかるため、かなり厳しい状況だった。主治医から運動制限も出ていたが、車椅子を押して4km も歩いたり、医師の指示を守れなかった。サービス提供責任者（コーディネーター）からも積極的な軽減労働にはしてもらえず、出血しても、医師から処方された流産止めの薬を、妊娠中の同僚と分け合いながら現場に向かった。明らかな労働基準法の母性保護違反だが、待ったなしの介助を必要とする場合、出血くらいでは休めなかった。利用者のご家族は大きなお腹で夜勤するBさんの身体が心配で、夜も眠れなかったという。

「頼りにされるのは若くて力のある女性。どうしても、妊娠出産適齢期の女性がハードな仕事を任され、それで妊娠出産の時期を逃してしまうことも多いと思います」とBさんは語る。

女性だけの問題ではないはずなのに……

重度訪問介護ヘルパーのCさんは「妊娠したことを周囲に言えずに流産してしまった知り合いのヘルパーは、精神的にキツいケースを担い、夜勤も週に2～3回するなど長時間労働をしていました」と語る。

Cさんは結婚してすぐ、事業所の上司やサービス提供責任者にいずれ出産したいと伝え、他の職員にしわ寄せがいかないよう約2年かけて体制をつくった。幸い常勤職員では初めての妊娠だったので、妊娠してすぐ、早朝、夜間の勤務は免除された。7割以上を事務作業に変えてもらい、時短で週30時間勤務となった。ところが、彼女の後に職員の妊娠が続いたことから、サービス提供責任者に過重な負担がかかり、その人の体調が崩れた。

Cさんは「子どもができたら使えないという社会風潮があると思います。男性の問題でもあるのに、なぜ女性ばかりでこの問題を話しているのかと感じます。うちの事業所は同性介助が原則のため、女性職員が妊娠したとき、現場の人手不足は加速します。現場だけでは解決できないので、制度の仕組みを変えて欲しい」と切望している。

少子化と騒がれているけれど

2013年秋に3人目を出産したDさん（41歳）は、以前勤務していた特別養護老人ホーム時代に地域の労働組合に加入。職場に労働組合を結成し、子育て中の女性が働きやすい職場環境を10年かけてつくった。

２００８年に２人目を妊娠した彼女は、職場で初めて産休を取得。彼女が産休を取得したことで、以後、同僚たちの産休取得率が上がり、離職者が激減した。それまではほとんどの職員が、妊娠と同時に退職を余儀なくされていた。彼女は自分の妊娠中に、妊婦が夜勤・入浴介助、移乗介助などの重介護から免除されるよう尽力した。

Dさんは２人目を出産後、特別養護老人ホームを退職し、高齢者の小規模デイサービスの生活相談員に転職した。

彼女は「少子化と騒がれても産休取得は肩身が狭いし、戻れる保証もない。産休・育休を安心して取れるような制度改善が必要です」と訴えている。

２人の子どもを育てながら労働運動をしてきたDさんは、責任あるポジションにいるときに３人目を妊娠。以前よりつわりも酷かったことから、改めて介護現場の母性保護と子育て支援を強く要求している。

労働基準法を遵守すれば経営難に

産休・育休を常勤職員に与え、代替要員も確保した高齢者小規模デイサービスの経営者Eさん（46歳）によれば、「小さな事業所の経営者としては、母性保護は『運営的』には悩ましい。要は、経営者がその会社を社会資源として、どう位置づけるかにかかっているかと思います」と語る。

労働基準法を遵守するEさんは、産休・育休を保障しない介護保険の制度設計のため、経営的に厳しい状況に直面した。現行制度の報酬単価で労働基準法を遵守すれば、小規模事業所は経営が苦しくなり、事業所自体が潰れてしまうこともありうる。

厚生労働省の役人も「運営母体を大きくすれば、経営状態は良くなる。職員に32万円の給与を出している事例もある」と言っていたが、大企業を利する考えのもとに制度設計をすることで、大企業だけが介護で利潤をあげ、良心的な中小企業が潰れていく制度的温床を生み出している。

労働基準法で母性保護を謳いながら、障害者総合支援法や介護保険法の制度では、報酬単価が母性保護に対応できるようになっておらず、事業所も病欠や妊娠などに備えて交代要員を確保したくてもできないのが実態だ。

しかも障害者介助は基本、同性介助が原則の場合が多く、経営者や現場の努力だけではどうにもならない。厚生労働省は二言目には「労使間で解決を」と意見交換会で返答していたが、母性保護と運営が両立するような制度改善を強く要求したい。

元同僚の協力を得て、いのちがけの出産

先に紹介したDさんは3人目の出産時、産休代替を募集してから数カ月間経っても応募がなく、出産2週間前まで働いて帝王切開で出産した。最終的には、見るに見かねた特別養護老人ホーム時代の元同僚の友人が、遠方から飛行機で駆けつけてくれた。会社側も友人をデイサービス施設に家賃なしで住み込ませてくれた。

Dさんは代替要員も自分で探し産休に入ったが、出産1週間前に妊娠中毒症やバセドー病、何年も出ていなかった喘息の再発、妊娠性糖尿病にもなり、緊急入院を余儀なくされた。「高齢出産なのにギリギリまで働き過ぎました。産み終わったら次の日から全ての症状が快方に向かうのですから、不思議なものです」とDさん。いのちがけの出産だった。

追記

冒頭に引用した日本医療労働組合の２００８年調査以降、最近の介護士の切迫流産の実態に関する資料を見つけ出せなかった。その理由は、日本医療労働組合（『医療労働』２０１９年2月号12頁）の調査結果にあるのではないかと思う。この10年で、介護現場の女性たちは妊娠すらできなくなっている。以下、引用する。

「（介護施設で働く看護師と介護職員、その他の）総職員数に占める介護職員の割合は71・8％（前回72・5％）（略）。妊娠者の占める割合は、全体で0・6％（前回1・0％）、介護職で0・8％（前回1・1％）と低く、産休者と合わせても全体で1・0％（前回1・5％）、介護職では1・2％（前回1・6％）となっています。女性が多い職業であるにもかかわらず、妊娠・産休が圧倒的に少なくなっている背景には、夜勤のある介護施設では、妊娠者が働くには過酷な労働環境があるのではないかと推察されます」

（女性たちの年齢は全て取材当時のものです）

戦争を生き延びた高齢者——沖縄からの宿題

まばゆい陽射しに朦朧としながら、私は23年ぶりに那覇市内を歩いていた。2017年7月11日から3泊4日で沖縄を旅した。本島は今回で3回目。八重山諸島は7回旅している。23年前には読谷村《よみたんそん》に行き、知花昌一(注1)さんからチビチリガマ(2)を案内してもらった。またハンセン病療養所の愛楽園に行き、大歓迎を受けた。伊江島《いえじま》には2回旅した。2回とも白百合が咲き乱れる美しい季節で、阿波根昌鴻(3)さんの米軍との非暴力の対話を学んだ。

沖縄は私にとって最も美しく、癒される島だ。だが、それだけではない。薩摩藩による琉球王朝への侵略、沖縄戦、その後の基地問題、女性たちへの米軍海兵隊による苛酷な性暴力、辺野古や高江の闘い。ヤマトンチュの私にとっては、いつも加害者としての痛みを伴う旅になる。本島に23年も行けなかったのは、米軍基地のフェンスを見るのが辛かったからに他ならない。そんな罪悪感のある私が、偶然に親しくなる地元の人びとは、いつも限りなく優しい。今回も初めて会った鍼灸師の女性に窮地を救っていただいた。ゆえに、沖縄は私にとって愛してやまないかけがえのない島々であり、私の遺骨は八重山諸島の海に散骨して欲しいと頼んである。

体調を崩した私は友人が通院する鍼灸院を訪ねるため、冒頭のように那覇市内の炎天下を歩いていた。高齢者のデイサービスが2カ所散見された。予約した鍼灸師の女性がヘルパーとケアマネジャーの資格所持者だとネットで知り、地元の介護事情を少しでも聞けたらと思っていた。

那覇はすっかり都会になっており、外国人観光客で溢れかえり、高齢者の姿はなかった。あえて観光客のいない裏通りを歩いても、おばあやおじいの姿を見ることはなかった。デイサービスの入口は固く閉ざされ、中の様子を窺い知ることはできない。

介護保険が始まったばかりの2000年から2010年まで、さんざん通った八重山諸島の波照間島《はてるまじま》には、ゲートボールや畑仕事をするおばあやおじいたちの元気な姿があった。開放的な家の軒下で佇むおばあたちの姿もよく見かけた。

だが那覇では、暑い日中のみならず、夕刻でも、高齢者の姿を見かけることがなかった。

高齢者が自宅や施設に閉じ込められているような、首都圏と似たような現象が沖縄でも起きているのだろうか……と嫌な予感がした。

沖縄の介護状況

那覇から船に乗り、初めて訪れた慶良間《けらま》諸島の阿嘉島《あかじま》。真っ白なビーチには観光客が20人ほどしかおらず、私は美しい海で、東日本大震災以降、6年以上の心身の澱を浄化できた。無我夢中で3時間もシュノーケリングをしたため、火傷のような日焼けをしたが、そのおかげで先述の鍼灸師の女性に出逢い、沖縄の介護現場の厳しい実態を聞くことができた。

たまたま買い物したスーパーで無料の求人誌を入手した（無料求人誌は第一級の資料である）。そこにはケアワーカーの時給は750円～（入浴担当千円など）、看護師すらも時給1050～1300円というデイサービスもあり絶句した。飲食店のランチタイムのホールスタッフは、高校生ですら時給850円。「介護は高校生以下か……」と暗澹たる気持ちになった（2017年10月以前の沖縄県の最低賃金は714円）。

求人誌には「東京都内や神奈川等で介護・看護のお仕事しませんか?」という募集に大きく1ページが使われていた。東京の人材派遣会社の求人だった。[4] 派遣にもかかわらず、有資格者時給1400円(私が派遣ヘルパーだった2007年は介護福祉士は1300〜1500円)、無資格者1200円。看護師が時給2千円に過ぎない。[5]

私が派遣ヘルパーのときには「介護事故を起こしたら自己責任」と言われ、「看護師さんは、ご自分で自賠責保険に加入していらっしゃいます」とコーディネーターから言われた。沖縄でこの求人に申し込んだ人がいたとしても、慣れない土地で正規職員とは別な扱いを受け、多少時給が良くても安全な労働とは思えなかった。

宜野湾《ぎのわん》市に住む友人が、4月からの沖縄タイムスの記事を山ほど切り抜いて送ってくれた。沖縄はヤマトに比べて緩やかな高齢化をたどっており、2016年10月に初めて20%を超えた。高齢化率は全国で最も低い。だが、家庭や施設での虐待の記事が目につく。それも、顕在化しているのは氷山の一角であると、その記事は伝えていた。

家族からの虐待の背景には、貧困ゆえに施設の費用が払えず、在宅介護を余儀なくされた家族の心身の疲弊がある。被害者の多くがおばあたち。加害者は息子や夫が多かった。虐待被害者には女性高齢者が多く、加害者に息子や夫が多いのは、ヤマトも同じだ。

「必要な職員数は15人だが現在は10人。採用したいが面接に人がこない」という虐待が認定された事業所の主任職員の発言もあった（2017年7月5日付『沖縄タイムス』）。「オムツ3枚、お尻の下に敷いてほしい。そうすれば自分で替えられるから」と利用者から懇願された事例も……。夜勤帯に一晩中オムツ交換がなされず、ネグレクトされている記事だった（2017年7月6日付「銀髪の時代～『老い』を生きる53　一人の夜勤　疲労も蓄積」『沖縄タイムス』）。

ゆいまーる（相互扶助）の精神があるはずの沖縄で、おばあたちが虐待被害を受けていた。かつて沖縄戦で「本土」や天皇制の防波堤になるために、地上戦の地獄を生き延び、基地問題で犠牲を強いられている沖縄の高齢者たち。そんな高齢者が、要介護状態になってからも生き地獄であり、さらに子や孫の世代がヤマトの介護の戦力にされようとしていた。激しい怒りがこみ上げてきた。なぜなら、ヤマトの施設には、軍人だった男性利用者が少ないとはいえ、まだ生きている。私は「従軍慰安婦は好きでやっていたんだ」と言っていた元職業軍人の介護をした経験がある。また、ある友人は12歳くらいの朝鮮人慰安婦を蹂躙し続けたという「武勇伝」を話す利用者の在宅介護にあたった。そのような利用者の介護を沖縄の女性たちに、担わせたくはなかった。

この問題には慢性的な人材不足を生み出している介護保険制度の欠陥だけでなく、ヤマトが沖縄をずっと搾取している構造がつながっている。

2016年12月13日のオスプレイ墜落で「90代の母が『戦争が始まった』とパニックになっている」と言った住民のことが記事になっていた。さらに衝撃だったのは「沖縄の人がいくら基地被害を訴えても聞く耳を持たれない。こんなに苦しい思いをさせるなら、いっそ住民を爆弾で殺して、無人島にしてから好き勝手にすればいいさ」と訴えた沖縄戦体験者の声だ（2017年7月2日付「複眼　オスプレイ墜落　日米政府は知って　住民の心」『沖縄タイムス』）。

この訴えをした体験者もまた、近い将来、要介護になる可能性がある。そのとき、受けるであろう介護がいまよりも少しでも良くなるため、私には一体何ができるのだろうか。

1970年代、私の友人の父親が経営する静岡県の産婦人科病院では、沖縄から10人以上の女性を連れてきて、病院に隣接している寮に住まわせ、看護学校に通わせながら働かせていた。私が14歳のとき、私の祖父の経営する地方の診療所にも、沖縄から来た19歳の看護師が1年ほど働いていた。彼女は腕も良く、私にとても優しかった。やがて彼女は東京の病院に転職していった。40年以上前の忘れていた記憶が甦った。

年明けから始まった現場の崩壊

2016年から私が働いていた認知症対応型グループホームは、社内で離職率が一番低い職場だった。上司や同僚との相性も良く、利用者も優しく、すぐに職場に馴染んだ。人員にゆとりがあったため、正社員が1月に異動した。彼が異動した先は1年間で12人入社して16人退職する現場だった。

グループホームでは、常勤職員が1人退職すると3年分のスキルが喪失すると言われている。認知症ケアは言葉でノウハウを伝えにくく、同じ対応をしても職員が違うとうまくいかない場合もある。そのため経験が長い職員の喪失は、マイナス1人以上の打撃となる。

さらに夜勤のできる常勤職員の介護休暇、病欠、産休、非常勤の休職や定年退職とわずか2カ月間で次々に欠員が出た。夜勤ができる職員がマイナス4人。日勤の非常勤がマイナス2人。夜勤のできる職員は夜勤が7〜8回になった。50〜70代の非常勤の女性たちが、日勤帯を必死に支えた。また、20〜40代のリーダー格の男性社員たちは、夜勤明けの事務処理や通院のため4~5時間の残業が常態化した。

職員たちから笑顔が消え失せ、特に責任が重いリーダーは、3月に女性非常勤へのパワハラを繰り返した。私はショックで不眠が酷くなり、4月初めにドクターストップがかかった。しかし人手不足のシフトを見たら休むとは言い出せず、大量の薬を服薬して乗り切った。

救いは、ドクターストップがかかっても、服薬して乗り切ったことを同僚たちに伝え、そのことがきっかけで、同僚たちと深いコミュニケーションが取れるようになったことだ。特に私と同様、服薬して乗り切った同年代の女性とは、戦友のようになった。普通なら人間関係が悪化する労働強化のなか、女性非常勤が結束した。

介護現場は「戦場」

「介護現場は戦場なんだから！　仕事、辞めなさい！」

2017年の5月半ば、利用者虐待を度々目撃した私は、2回目のドクターストップがかかった。だが、同僚との結束が強まった私は、現場に留まった。

4月初めに1回目のドクターストップが出た際、私はすぐに転職活動を試みた。だが「午前中に30人入浴介助できますか」といきなり電話で聞かれるような状況であり、1年近くかけて構築した利用者や同僚たちとの信頼関係を棄ててまで、行きたいと思うような現場はなかった。そんな私に主治医は「気配を消して幽霊になることだね」とサバイバル術を助言した。

ドクターストップが出た2日後、ある男性職員が利用者Aさんに対して罵声を浴びせた。Aさんも負けじと応戦。凄絶な言い争いとなった。以前の私なら不調になるような状況だった。だが彼が落ち着いたとき、「どうしたんですか？　マジでAさんとタイマン張っちゃって……」と聞くことができた。すると、「すいません。イライラしてて……。いまからAさんと仲直りしてきます」と言って、彼はすぐに謝罪に行った。数分後、Aさんは何もなかったようにリビングに戻り、笑顔でお茶を飲んでいた。

「彼」とは1回目のドクターストップの原因をつくったリーダーだ。人手不足になる前の彼は「利用者さんには、自由にしてもらいたい」と言い、優しい人だった。今回は、主治医や精神科医の友人からの「キレているときに介入すると火に油を注ぐからやっては駄目」という助言を思い出し、冷静に対応した。その後、新しい職員も入社し、7月には職場全体が、怒涛のシフトから解放された。上司や同僚たちは、笑顔で私を沖縄に送り出してくれたのだった。

おわりに

私の職場が落ち着いた要因は、休職者が復帰し、新しい職員が慣れ、1人当たりの夜勤回数が減ったことだ。人手不足は、職員のゆとりをなくし利用者対応が荒くなる。すると、利用者たちはすぐ不穏になり、さらに職員が苛立つという悪循環に陥る。シフトが一番キツかった3月後半から4月は介護事故が通常の5倍に増えた。不調だった私が、事故を起こさなかったのは奇跡だった。

沖縄から帰ってきて、苦手な利用者に対する苛立ちが減った。夜勤をしない私ですら、凄まじい疲弊なのだから、夜勤をする職員の状況はさらに厳しい。仮眠なしの1人夜勤。ヘトヘトにもかかわらず、帰宅してもなかなか眠れないという。みな睡眠薬、飲酒、喫煙で凌いでいた。

虐待は決して許されないことだが、「善良な」人を殺人に駆り立てるのが戦場であるように、介護現場の人手不足は優しい職員をも加害者に変えてしまう。低賃金のうえ、野菜が高くて買えず、ビタミン欠乏による心身の不調と思われる同僚もいる。利用者よりも栄養状態の悪い職員が少なくない。

かつてともに働いた認知症相談員の女性が、介護保険開始1年前に「現場は前線」と言っていた。それから18年後、主治医からも「現場は戦場」と言われた。

度重なる改悪で介護保険は崩壊。現場は利用者への虐待、職員間のパワハラ・モラハラが横行し、低賃金だけが理由ではなく人材確保が困難になっている。私も疲れると、相性の悪い利用者対応が嫌になる。


だから今回、沖縄に行ってリセットせざるを得なかった。だが癒されただけでは終わらず、大きな宿題を出され帰還した。那覇で出逢った数えきれないくらいの慰霊碑や墓標。全て跪き祈りを捧げたが、いまは亡き魂が「介護現場にこそ真の平和を……」と伝えてくれた気がする。

私はさらなる取材のために、再び沖縄に行く決心をした。どれだけの情報が得られるかわからないが、沖縄には、私が追究してきた戦争と介護の問題が最も凝縮している。

私が介護してきた利用者たちも、戦争の被害をことあるごとに口にしたが、精神科医の蟻塚亮二氏の著書には、「沖縄県の認知症施設の多くで、戦争によるトラウマ反応や、フラッシュバックによる精神不穏がみられると教えてくれた人がいる」とあった。私が現場で抱いた感覚は、沖縄から帰還して読んだ2014年出版の蟻塚医師の著作で活字になっていた。

重層的な差別、歴史、政治の絡み合った沖縄。沖縄の介護問題を紐解くことは並大抵のことではない。だが沖縄戦を生き延びた高齢者のトラウマや被虐待の状況を少しでも発信することが、沖縄を愛してやまないヤマトンチュである私の戦争責任の取り方でもある。また、沖縄のみならず戦争を生き延びてきた高齢者たちに寄り添うことにつながれば、と願っている。

注

1　ちばな しょういち（1948〜）沖縄の読谷村在住の平和運動家。筆者は、最初の沖縄訪問時に知花さんのフリースペースに泊めてもらった。

2　チビチリガマ　沖縄県中頭郡読谷村のある鍾乳洞。1945年、沖縄戦による集団自決が行われた場所で、筆者は知花さんの案内でガマの中に入った。当時はまだ、自決した人の遺骨がガマの中にあった。

3　あはごん しょうこう（1901〜2002）沖縄県伊江島在住の平和運動家。アメリカ施政権下、非暴力を貫いて、反基地運動を主導した。

4　東京に戻った私はインターネットで沖縄の介護職員の求人登録をし、求人情報に目を通すのが日課となった。かつて激戦地だった糸満市や読谷村の時給が750〜800円と非常に低い。また、月9〜10回条件での夜勤専任職員の日給が16時間でわずか1万2千〜1万4千円(有資格者限定)。16時間拘束のため、時給750円に過ぎない。また、知り合いの施設長によれば、一般的に夜勤専任職員は他の職員の目が届かず、虐待事例が後を断たないとのことだった。

5　広告を出した派遣会社に問い合わせたところ、社員寮をつくる計画があったが満員電車での通勤が大変と思い、職場近くにアパートを借り上げ3〜4万の家賃で貸すとのことだった。だが一面広告を出してホテルで説明会を開催したにもかかわらず、参加者は一人も来なかったそうだ。

参考文献

蟻塚亮二（2014）『沖縄戦と心の傷〜トラウマ診療の現場から』大月書店。

沖縄への旅――高齢者介護の現場を歩いて

飛行機が本島に近づく。小さな窓から見える夕焼の雲は金色、オレンジ、蒼、藍、紫とさまざまな色彩に輝いていた。やがて空は濃紺に染まり、満月に近い月が飛行機を追うように、雲の切れ目から見え隠れした。

２０１７年初秋、私は再び那覇空港に降り立った。

７月に沖縄に旅した際に知った高齢者介護現場の窮状は、「沖縄に移住して暮らしていけるだろうか……」という気持ちがあった私には見過ごせないものだった。

だが格安ツアーの予約をしたあと、旅行期間が解散総選挙の只中になることがわかった。小池百合子が、私の執筆のキイワードである「希望」という言葉を使い「絶望の党」を立ち上げた。そんな渦中に、私は沖縄の高齢者介護の現場を歩くことになった。

出発前の9月に、勤務先の認知症対応型グループホームの利用者の転倒事故や体調不調が続出していた。虐待問題も起きていた。私は虐待問題からくるストレスから、9月末、5年ぶりに咳喘息を再発。薬と吸入器を持っての沖縄行きだった。虐待問題と体調不良で事前準備もほとんどできなかったが、予想以上のよい出逢いに恵まれた。これはその僥倖の報告である。

初日、那覇に到着したのは夜間だった。2日目は喘息治療を兼ね、7月に泳いだ慶良間諸島の阿嘉島へ向かった。すると船内で座間味村役場のネームプレートを着けた女性に遭遇。思いきって「東京から介護現場の見学に来ています」と伝えると、隣にいた座間味村社会福祉協議会の職員の女性を紹介された。そして座間味村の特別養護老人ホームの施設長をご紹介いただけることになった（今回は座間味島行きの船の予約が取れず見学は叶わなかったが、離島に施設を持つ社会福祉法人につながりができたことは収穫だった）。

阿嘉島に着いた私は、7月に泳いだ浜に向かった。海に潜った途端、目の前を銀色の魚がひらりひらりと泳いでいた。浅瀬にもかかわらず、魚の群れがあちこちに見えた。虹の模様の魚など、人懐こい魚たちとともに泳いだ。このままずっと、海に溶けていたかった。

阿嘉島の海でエネルギーを充填した私は、本島に戻り、船を降りてすぐ、7月に偶然見つけた港近くの（財）介護労働安定センター沖縄支部に向かった。アポイントメントなしで訪れた私に女性職員たちは戸惑っていたが、最新の介護労働実態調査の沖縄版を入手できた。離職率の高さについて質問すると「ハローワーク那覇に福祉労働担当職員がいるから、そちらで話を聞くといいですよ」と助言してくれた。

その夜は沖縄の介護労働実態調査の分析をした。沖縄の介護労働者は介護職を選んだ理由として「働きがいのある仕事だと思ったから」64・9％（全国平均52・4％）、「お年寄りが好きだから」38・2％（全国平均24・2％）、「生きがい・社会参加のため」21・9％（全国平均14・5％）と全国平均よりモチベーションが非常に高かった。にもかかわらず、離職率は全国平均15・3％の倍の31・1％。この数字の意味を探るのが、今回の旅の目標になった。

そして、沖縄タイムスの介護関連記事を送ってくれた友人から「沖縄タイムスの記者に連絡したほうがいいよ」と言われたのを思い出し、「銀髪の時代～『老い』を生きる」取材班宛に、東京から来ているケアワーカーで、連載記事を読んで感銘を受けたことや、介護現場についての記事を執筆していることなどを書いてメールした。

3日目は高齢者住宅を併設した中規模デイサービス（利用者28人）の「デイサービスぐるくん・有料老人ホーム 海の家」で、足浴マッサージとリラクゼーションのボランティアをさせていただいた。

この施設は7月に沖縄に来た際に入手した求人誌に掲載されていた施設で、見学依頼の電話をすると、対応してくれた30代後半の男性経営者・松田さんがあまりにも親切だったので、ボランティアもさせてもらえるようお願いした。沖縄の高齢者と直接関わり、交流がしたかった。

朝、わざわざ松田さんが迎えに来てくださり、松田さんのお兄さんが利用者の皆さんに私を紹介してくれた。ちゃんと紹介してくれたおかげで、利用者からの拒否もなく、午前中に5人の利用者の足浴とマッサージができた。

利用者の出身地を聞くと、宮古島などの離島から入所されている方もいた。高齢になってから、住み慣れた島を離れて入所した方たちが少なからずいるようだった。昼食時には重度の認知症の方の食事介助もさせていただいた。

私も昼食を無料でいただいたが、調理スタッフの手づくりの食事はバランスが良く、心がこもっていてとても美味しかった。物価が高い沖縄にもかかわらず、職員には250円で食事を提供していた。職員の休憩スペースも広く、うらやましかった。

午後は話し相手をしたり、ホットタオルを使って10人の利用者にリラクゼーションを試みた。おやつのとき、持参したお土産を召し上がっていただくと「白崎さん」と私を呼ぶ利用者の男性がいた。彼は若いとき、私の職場近くの大学に通学していたという。そんなことから話が弾み楽しかった。

初めて訪問した施設にもかかわらず、利用者や職員の皆さんたちと、緊張せずにコミュニケーションがとれた。何よりも、沖縄の要介護状態の高齢者たちと1日をともに過ごすことができたのは、普通の旅では得られない貴重な体験だった。

その後、6人の高齢者が住む有料老人ホームを見学した。日中は別な場所にあるデイサービスに通所し、夕方に帰所すると言われ、ボランティア後に訪ねた。だが職員に見学のことが伝わっておらず、バイタルチェック（体温・血圧・脈拍などの測定）が始まってしまったので、すぐに引き上げざるを得なかった。バイタルチェック前に話し掛けると血圧が上がってしまうことがあるためだ。

利用者の部屋は2畳ほどで共有スペースもなく、山谷や釜ヶ崎の簡易宿泊所で生活保護を受けている寄せ場の労働者よりも厳しいのではないかと思えた。やはり離島から入所したという高齢者が多かった。

だが、私から見てハード面が厳しくても、経営者には「行き場のない高齢者を受け入れ、世話をしている」という気概があり、だからこそ、二つ返事で私の見学を承諾してくれたのだと感じた。

宜野湾市に住む友人が、新聞記事と一緒に送ってくれたホテルのような特別養護老人ホームのパンフレットの写真と、夕方に見学した施設の格差はあまりにも激しかった。「沖縄でも経済格差が高齢者に影響しているのでは……」と言った友人の言葉が脳裏をよぎった。


4日目は、ハローワーク那覇の福祉労働担当職員を訪ねた。アポイントメントなしにもかかわらず、対応してくれた男性職員は沖縄の景気の動向や有効求人倍率、県の経済や雇用政策、介護労働実態調査の分析結果へのコメントなど、2時間にもわたり情報交換してくださった。

「離職率の低い保育園に、離職率が低い理由を知りたくて取材に行ったことがあるんです。すると園長が『子育て中の保育士の子どもが病気になったときには、無理をさせずにすぐに休ませます。保護者には無理をさせないようにと言っているのに、自分たちの職場で実践できなければダメだからです』と言っていたのです。働きやすい職場なので、退職する保育士が友人などを紹介してから退職するため、職員に穴が空かないし、求人募集もほとんどしたことがないそうです」と笑顔で語ってくれた。

その職員は、いままで関わり合った官公庁の職員のなかで、最高の対応をしてくれた。かつて人生の節目、節目で私に慈悲深かった公務員は、ハローワークの職員が多かったことを思い出し、感謝の想いで胸がいっぱいになった。

午後は認知症対応型グループホームの見学だった。居室は私の勤務先より少し狭かったが、プライバシーは十分保たれる状態だった。ここも食事は手づくりの方針で、調理スタッフを短時間雇用していた。

営利企業の経営する首都圏のグループホームの多くは、介護報酬単価引き下げのせいで人件費削減が進み、過重労働等による離職率も高い。そのため食事はでき合いの惣菜を温めて出す施設が増加している。運営が厳しいはずの沖縄の中小企業にもかかわらず、苦しいなかでも、美味しい食事を利用者に提供しようと頑張っていた。利用者の「顔」を見ようともしない首都圏の大企業との、「食」に対する意識の違いを感じた。

グループホームの見学対応をしてくれたのは女性のケアマネジャー。すぐに意気投合し、「沖縄のお年寄りは島唄をかけると体操がわりに踊ってくれるんですよ」と夏川りみのDVDをかけてくれ、私も利用者と一緒に歌って踊って楽しい時間を過ごした。アルバムも見せてもらい、「その日の気分で、海辺とかのドライブに年中行っているんです」と笑顔いっぱいの写真の説明をしてくれた。

だが、ここには離島からの入所者はひとりもいないとのことだった。認知症高齢者が不穏になりやすい夕暮れ時には、職員が連れてきた子どもやペットなどで賑わっていた。初めての場所とは思えない居心地の良さに、あっという間に2時間以上経過していた。

すると沖縄タイムスの記者から電話がかかってきて、急遽、沖縄タイムス本社で会うことになった。電話をくれたのは取材班の中で一番印象に残っていた新垣綾子記者。介護労働実態調査の私なりの分析などを共有し、今後の情報交換を約束した。「新聞記者が頑張って書いていれば、私のような貧乏な人間が身銭を切ってでも、沖縄に来たくなります」と伝えた。

午後の飛行機で帰る予定の最終日は、朝一番で沖縄県庁高齢者福祉部に高齢者虐待に関する資料をもらいに行った。だが、調査はあまり進んでいる様子はなく、職員は沖縄タイムスの虐待に関する記事も知らなかった。

その後、前日に依頼してあった複合施設の見学に臨んだ。雨が降りだし、道に迷った私を、地元の中年男性が施設前まで案内してくれた。たどり着いた施設はハード面も人員配置も申し分なかった。

だが、案内され座ったテーブルにいた利用者は認知症が重く会話が成立しない方と、離島出身者で方言の意味がほとんどわからない方だった。残念ながら、利用者とのコミュニケーションが取れないまま時間切れとなった。ウチナー口が理解できないことは、ハンディだと感じた。

この旅では、インターネットを駆使し4カ所の施設を訪問した。4カ所全てが、二つ返事で見学を許可してくれたことに深く感謝している。だが、沖縄の介護状況の断片を知ったに過ぎないとも痛感した。沖縄の介護労働者の離職率が高い本当の理由を、簡単には見出だせないことも……。

それぞれの施設に、それぞれのポリシー、立ち位置の必然性があると感じた。ただ、私の主観ではあるが、職員の利用者への愛情がダイレクトに感じられる施設は、私にとっても居心地が良い空間だった。

「沖縄の介護職員の離職率の高さの原因には、平均賃金より2万5千円も低い月給と、『先の見通しがたたない』ということがあります。一方、離職率の低い職場では管理者のやり方が大きく影響しています。沖縄には男性の仕事が少ないので、介護や福祉には男性のニーズがあります。沖縄の介護職の離職率の高さは介護保険制度の問題だけではなく、沖縄経済の構造的な問題の影響もあります」とハローワーク那覇の職員から聞いていた。

東京オリンピックの影響や観光地としての沖縄の経済動向が、介護現場の人手不足を生んでいることは7月の段階で推測できていた。また観光地であることや、物資の運搬経費で食料等の物価も高い。時給が上がらないまま消費税が上がれば、さらに介護労働者の生活は圧迫される。介護の仕事が好きでも、時給の良い観光産業などに流れていかざるを得ないだろう。2018年の介護保険改訂も沖縄の良心的な中小企業の経営者には大きなダメージだ。

介護施設の経営者たちは医療法人やガス会社や居酒屋チェーンなど、母体が別な場合が多く、介護保険事業単体だと運営が厳しいという。それは沖縄だけではなく、ヤマトも「人」を大切にする良心的な中小企業は介護保険改訂の度に潰れ、どんどん大企業に吸収されている。

「運営母体が大きければ経営が安定し賃金も上がる」という厚労省・障害福祉課の職員の見解を2013年の厚労省交渉で聞いた。障害福祉課の見解ではあったが、厚労省自体が率先して大企業に有利なように介護保険制度を改訂してきたと実感する。だが大企業に勤めていたときも含めて、私の賃金はこの3年上がってはいない。むしろ消費税引き上げの分、下がっているとの認識だ。

高齢者のＰＴＳＤと離島問題

私は7月からずっと、沖縄戦の被害を受けた高齢者のＰＴＳＤ（心的外傷後ストレス障害。沖縄戦体験者の4割が発症と言われている）と認知症の関連性などについて重点的に知りたいと考えていた。その思いは9月に勤務先の利用者Aさんの状態が悪化したことで強まった。

Aさんは思い出話をする度に必ず戦時中の苦労を語る人だ。彼女は、9月、体調不良とともにせん妄(幻覚等の意識障害)が出たときに、私たち職員には決して見えない「複数の敵」と闘っていた。女性職員たちが「戦中戦後の実体験では」とすぐにわかるような凄絶な状態だった。

そんなことがあって、「沖縄戦の被害を受けた高齢者の苦しみは、それ以上で、PTSDの罹患率も4割以上ではないか」と私は推察していた。だが、そんな安易な質問は、被害を受けたであろう高齢者を前にして、通りすがりの私にはできなかった。ただ、こちらが質問しなくても職員の方から「古い写真を見てフラッシュバックし、夜間に不穏になったり暴力的になる人がいます」という話を伺うことができた。

勤務先のAさんの夜間せん妄の凄まじさを鑑みても、沖縄戦の後遺症で、PTSDになった高齢者への対応は、精神医療の専門職でも並大抵なことではない。高い専門性が必要とされるはずだ。現場のケアワーカーも対応に苦慮しているのではないだろうか……。

介護労働安定センターの調査では「介護・医療・福祉関係以外の別の勤務先で働きた

い」が全国平均3・8％に対し、沖縄は6・0％と断トツに高い。沖縄戦と高齢者のPTSDについては、當山《とうやま》富士子さん（元・沖縄県立看護大学教授）が、蟻塚亮二医師たちと研究し、沖縄タイムス社から『戦争とこころ～沖縄からの提言』を出版している。

また沖縄タイムスの記事によれば、離島では要介護の高齢者への支援が追いつかず、島外の施設等で生活せざるを得ない状況が、把握できただけでも3割超あるという。私が泳いだ阿嘉島は7割以上と最高。問題解決のためにさまざまな取り組みがあるようだが、離島の人材不足は深刻だ。

今回、見学した施設で離島から来た高齢者たちに出逢った。八重山諸島の波照間島では、要介護の高齢者が島を離れないで済むよう、沖縄県立看護大学の大湾明美教授が支援したという。住み慣れた島で最期まで生きられる体制づくりが、沖縄の喫緊の課題だ。

「希望」に代わる言葉を探すのも今回の旅のテーマだった。沖縄滞在中に私が最も愛した波照間島の記事をインターネットで読んでいた際、「肝愛《ちむがなさ》」という言葉に出逢った。「真心を求める愛」「真心からの愛」という意味だ。この言葉の深意をもっと探求していきたい。私を快く受け入れてくれた高齢者と職員の皆さん、そして助けてくれた人びとの笑顔は、私が愛してやまない沖縄の海と空の美しさとともに、魂の奥深くに刻まれている。

肝愛……沖縄に住む人びと、その真心に触れた旅だった。

追記

沖縄から帰還し、やり取りの続いている沖縄タイムスの新垣記者が担当している「銀髪の時代～『老い』を生きる」取材班の連載記事を、私が２００９年に受賞した平和・協同ジャーナリスト基金賞に推薦したところ、第23回の奨励賞に輝いた。

那覇空港を飛び立つ飛行機から、空港内にある自衛隊の軍用機を見て胸が痛んだ。自民党の圧勝により、沖縄の平和はますます脅かされると痛切なる思いでいる。沖縄戦と戦後の地獄を生き延びた高齢者。その人生の最期は誰よりも幸せであって欲しい。そんな沖縄の高齢者の状況を懸命に取材し記事にしている記者たちにエールを送るのは、反戦運動家として生きてきた私ができる、ささやかなアクションに他ならない。

3章　彼女・彼たちの魂の物語——ともに生きるための挑戦

過酷だと言われ続けている高齢者や障害者の介護・介助現場。

その現場を心から愛し、働き、利用者とともに苦しみ、生きようとする仲間たちが、私にはいる。

現場とは、当事者と支援者の一人ひとりの協同と実践からしか、変わらない。

現場に疑問を持ち、現場を変えようと、日々挑戦し続ける私のかけがえのない仲間たち。

彼女・彼たちの、支援者としての魂や、哲学を描く。

岡田さんの物語——存在をまるごと受容する

岡田さんが女性利用者Aさんの家にヘルパーとして訪問するようになったのは、6年前。彼女の病気は廃用症候群だった。Aさんはヘルパーを利用するまで、ほとんどご飯も食べない、水分も摂らない、寝たきりの生活を送っていた。病気になったきっかけは、一緒に住んでいたパートナーが、彼女と暮らしていた「あけぼの荘」を出て行ったから。

「あけぼの荘」は、古いアパートで、お風呂なしの共同トイレ。部屋は1つと小さな台所。給湯器がなく真冬でもお湯は使えなかった。介護保険を利用するようになってから、入浴はデイサービスを利用した。Aさんは、生活保護を受給していたが、家を出るときに置いてきた子どもにお金を残すため、食費や生活費を節約して貯金した。だから食事をつくるときに、岡田さんはとても苦労した。冷蔵庫に人参とキャベツしかない日もあり、買い物を代行するときも千円未満で何日も賄える野菜、肉などを買った。ときにはデイサービスで収穫したゴーヤをもらい調理した。

口数少ないAさんだったが、毎日ヘルパーが訪問することで、ぽつりぽつり、好きな食べ物、嫌いな食べ物、子どもを置いて家を出た過去について、話してくれるようになった。少しずつ生活にも意欲を見せるようになり、デイサービスで土いじりをすることも増えた。

そんなAさんとの別れは突然だった。廃用症候群は徐々に良くなっていたが、脳に腫瘍が見つかった。いつ破裂するかもしれない状況だったが、入院はしたくないと、通院しながら在宅生活を送っていた。そんなある日、彼女は突然亡くなった。72歳だった。

前日までとても元気に過ごしていたが、ある朝ヘルパーが訪問をするとAさんは畳の上で横になって亡くなっていた。穏やかな顔だったという。

彼女の死を聴いた岡田さんは、とても悲しかった。岡田さんはAさんの家に訪問していた4年間、ほぼ毎日顔を合わせていた。訪問がない日も同じ事業所が運営するデイサービスで会えたからだ。亡くなったあともAさんの住んでいたアパートの前を通るたび、彼女の洗濯物が干してあるような気がしてベランダを見上げた。現在、「あけぼの荘」は取り壊され、空き地になっている。

Aさんが亡くなって2年。岡田さんは、ゴーヤができる頃になると、彼女を思い出す。「私、ほんとはゴーヤは嫌いなの。でも、デイサービスのみんなでつくったゴーヤには皆の気持ちがこもっているから……」と、Aさんは苦手なゴーヤを残さず食べていた。

生活保護費は他者に譲渡することは禁じられているが、岡田さんたちヘルパーは、置いてきた子どもへのAさんの贖罪の気持ちに寄り添うため、彼女の節約に協力したのだった。Aさんが亡くなったあと、彼女の子どもは遺骨を引き取らず、子どものために貯めていたお金は福祉事務所に全て返還した。

＊

訪問介護事業所の管理者でもある岡田さんとは、彼女が遠方のため、私は1度しか会ってはいない。だが、介護労働者の労働運動を闘う傍ら、自死した利用者のために涙ぐんだ彼女の横顔の美しさが、とても印象的な人だった。

「年配のヘルパーからは、割り切れと言われるんですけれども……」と言う彼女に、「いくらベテランになっても、利用者のために泣ける人のほうが、私は好きだな……」と伝えた。磨かれる前のダイヤモンドのような、勁《つよ》さと美しさを彼女から感じた。その勁さは、彼女のケアの哲学の底流にある。

そして私は、「うつくしい」ケアが好きだ。「うつくしい」ケアとは岡田さんが、福祉事務所からの批判や逸脱を怖れずに、利用者の存在をまるごと受容し、利用者の一番のニーズに応えようとしたことだ。

原田さんの物語——支え、支えられる相互的な関係を築く

「何気なく開いたBからのLINEに『生きることが間違ってたのかもしれない。僕は周りに必要とされていないから』とあり、『どうした？　なんかあった？』と思わず返しました」

原田さんは、障害がある人の就労支援事業所で働いている。そこで出逢ったBさん（19歳）は軽度の知的障害があり、中学卒業後、原田さんの働く事業所を利用し始めた。

原田さんは昨年、Bさんの就活を支え、彼は工場の正社員になった。工場の清掃作業を

1年辞めずに働き、ファミレスでささやかなお祝いをした矢先、冒頭のLINEがきた。「Bは会社で上司にキツく注意され、仕事中に黙って職場から逃げ出してしまい、それがきっかけで同僚の信頼を失った、とありました」

Bさんは家庭の事情で、小学校まで児童養護施設に入所。中学入学を機に家族のもとに戻ったが、度重なる父母からの暴力、暴言を受け、辛い家庭環境で育った。経済的にも困窮し、高校や支援学校に行くことができなかった。親から酷い仕打ちを受けながらも、一般就労を果たし、両親を助けたいという親思いの優しい少年だ。

両親はBさんの給料をほとんど自分たちの生活費に充て、あげく、彼の兄の学費の負担を強いた。Bさんは母の好きなアイドルグッズまで買いに行かされた。けれども彼は「お母さんが喜んでくれた!」と嬉しそうに話す。親の愛情、ただそれだけを求めているが、その想いは届きそうもない。冒頭のLINEのメッセージは、突き詰めればこのような家庭環境に端を発する。

「『生きることが間違ってる人はいないから。また飯食い行こうぜ』と返しました。私が発する言葉は、この程度でしかありません」と原田さんは言う。原田さんは、Bさんの必死に生きる姿に支えられ、相互的に自身が果たすべき役割を考えている。

絶望したくなるような状況を生きるBさんにとっては、損得勘定も利害もない、ただ生きることを当たり前に肯定される、そんな人とのつながりが何より大切なのではないか。

原田さんは、「純粋に私がBと関わることで、少しでもBの生きる力につながるのならば、私自身も嬉しい。それはBが欲する必要とされたいと思う心と同様かもしれません。一方的ではなく、利害関係でもない、相互的な関係性でないと、生きていくのはシンドイ。そのような他者とのゆるやかな関係性のなかから生まれる、ささやかな喜びや共感、そんなつながりを求めて、結局いまの仕事をしているんだろうな、と思っています」と語る。

Bさんや他の利用者との関わりのなかで得られる、一瞬一瞬の記憶の積み重ね。そのことが原田さん自身の生きる力になっている。

*

原田さんと初めて会ったのは、5年ほど前。彼が中心になって結成した労働組合の集まりだったと記憶している。そのときの彼は、自分の職場の非常勤職員の待遇改善のため、自分は正規だったが、壮絶な弾圧を受けていた。原田さんとは、共通の友人がいたことがわかり、都会の喧騒を歩きながら、いろんな話をした。原田さんのやわらかな、陽だまりのような魂に、私の心も癒された。

原田さんは経済弾圧も受けていたため、生活が立ち行かなくなり、地方都市に転居した。組合の仲間たちから、とても慕われている原田さん。彼のような人だから、一番組織化が難しい障害当事者がつくった団体で、労働組合をつくることができたのだと思う。

その勇気に、私はいまでも深い敬意を払っている。

新川さんの物語――利用者の「ありがとう」を原動力にして

「いつも、ありがとな」。お互い口が悪く、丁々発止のやり取りをしている男性利用者Cさんが突然、新川さんにお礼を言った。新川さんは「急にどうしたんだよ、気持ち悪いなぁ。やめてよ〜」と返すと、Cさんは「たまには、ちゃんとお礼を言わなきゃな」と言った。

Cさんは、それから1週間後に突然亡くなった。浴室で入浴中に死亡しているのを家族に発見された。週に3回腎臓透析を受けに通院しているCさんを、訪問介護事業所の管理者を務める新川さんは朝6時起きして通院介助していた。毒舌のCさんに何か言われると新川さんも遠慮なくやり返し、よく喧嘩もした。

いまでも、まるで自分の死期を悟ったかのように「ありがとう」と言ったCさんに、「気持ち悪いから、やめてよ」と言ったことに胸が痛む。でもきっと、40年もしたら、あの世でCさんに再会できるだろうと思っている。そのときは「あのときは、ありがとね」と言えるかなと思っている。

新川さんが介護職に就いたきっかけは、「おまえは、工業高校に行け」と言った親や、兄姉に反抗するためだった。新川さんは工業高校には行かず、卒業すれば介護福祉士の受験資格が得られる介護福祉科のある高校を選んだ。

そして17歳のとき、高校の施設実習で重度認知症の女性利用者Dさんと出逢う。彼女は実習生の新川さんに、毎朝「新しく来てくれたお兄ちゃん？」と声をかけてきた。すると施設の女性職員が「彼は昨日も来てたでしょ？」とDさんをただした。その声かけにDさんは戸惑い、悲しそうな顔をした。

彼女の表情を見た新川さんは、翌朝から「僕は今日からお世話になる新川です！　よろしくね！」と挨拶をし始めた。するとDさんは、「あら、はじめまして……。お兄ちゃん、ありがとね！」と弾けるような笑顔で返してくれた。

以来、新川さんは実習期間中、毎朝「今日から来ました！」とDさんに挨拶し、「ありがとね！」という言葉をもらい続けた。

20年以上経ったいまも、新川さんはDさんのことを昨日のことのように思い出す。彼女がくれた「ありがとね！」という言葉と笑顔は、どんな大変なときでも、新川さんがへこたれないための原動力、強い支えになっている。そしていま、一対一で、利用者のリアルタイムの要望を叶えられ、解決できる訪問介護の仕事が楽しくてたまらない。

＊

新川さんとは、２０１９年に大切な友人の紹介でつながった。彼は、私がいままで会ったことのないタイプの支援者だった。電話越しでも、彼の率直さに好感が持てた。

彼はかつて怪我をして、介護の仕事ができなかった一時期に、ブラック企業に勤めていたことがある。その経験からか、いま経営する訪問介護事業所は、少数精鋭で職員をちゃんと正社員にしている。現行の制度では、それがどんなに経営的に苦しいことか。良心的な事業所ほど潰れていくような仕組みの制度のなかで、彼はいわゆる「処遇困難」と言われる障害者や高齢者をも、断らないで引き受けている。

そして、「処遇困難」と言われる利用者からも信頼され、いつの間にか「処遇困難」でなくなる利用者もいる。それは新川さんの心意気に、利用者の心が解放され、利用者の持つ本来の長所が顔を出すからかもしれない。

2019年の秋の台風による水害で、新川さんと彼の事業所の社員、そして多くの利用者が被災した。そのため、彼は現場を飛び回っている。電話とメールでしかやり取りができていないが、懸命に利用者を支援している彼の姿が、目に浮かぶ。

新川さんの熱き魂と、彼に共感した社員たちが、地域の障害者や高齢者を支え、ともに生きている。

澤井さんの物語――地域と施設に吹く風

「もしも、コンクリート壁の家ではなくてモンゴルの草原にあるパオ（遊牧民の移動式の家）のような場所だったら、たとえ利用者が大声を出したり、身体をいっぱい動かしたとしても何も問題にならないかもしれない」

7年ほど前、障害者支援施設で働いている澤井さんの瞳の向こうに、果てしない大草原が見えたような気がした。

澤井さんは障害者支援施設の前は、母子生活支援施設で働いていた。当時の澤井さんは施設にある小さい畑を耕し、お母さんや子どもたちと作物を育てていた。

あるお母さんは毎回言葉を交わすことなく黙々と草をむしり、しばらくすると「じゃあ今日はこの辺で」と部屋へ戻って行く。彼女は自身のことや子どものこと、いま感じている気持ちなどを話すことはなく、ひたすら土に触れていた。ただ、そのお母さんは退所後しばらくしてから、澤井さんにこう語ってくれたという。

「私、最近『傾聴』について勉強したんです。澤井さんは、畑で傾聴してくれていたんですよね。ありがとうございました」

母子生活支援施設はその後閉鎖されることになり、澤井さんは現在の障害者支援施設に転職した。転職後も母子生活支援施設が閉鎖されるギリギリまで、ボランティアで行事を手伝いに行った。また、現在の職場の利用者を連れて子どもたちの運動会を見に行った。利用者は子どもたちの姿を喜び、笑顔だった。

澤井さんは転職した施設の畑も耕し、庭のような花壇をつくり「風のガーデン」と名づけた。近隣の高校の園芸同好会の学生たちが訪れ、一緒に耕してくれるようになった。散歩する高齢者がふと足をとめたり、保育園の子どもたちの遊び場にもなり、少しずつ「地域にも拓かれた交流の場」に発展していった。

世代や障害の有無、どこに属しているか……そんな垣根を越え、いろいろな人が集まり、土や草木に触れる。そこには一呼吸おいて風を感じることのできる場所があった。「風のガーデン」は、澤井さんが働く入所施設を、草原にあるパオのように拓いていくきっかけになっていくだろうか。

蒔いた種が芽吹き、花が咲き、実を結ぶように。

*

冷えた頭に、熱き心。この言葉は澤井さんのためにあるかのようだ。「風のガーデン」がいまの形に至るまでの澤井さんの戦略と、そのベースにある「ことなかれ主義」への批判、反骨精神は、誰もが持ち得るものではない。

澤井さんには、「人を助けたい」という支援者にありがちなメンタリティーは一切ない。だが、利用者への人権侵害や、虐待に遭遇したときには、火山のような激しい怒りで闘ってきた。

未来を変革する「種」を、澤井さんは土に蒔き、水をやる。その「種」は、いまはまだ、芽吹いたばかりかもしれない。だが、澤井さんの揺るぎない闘志があれば、いつか可能性の花が咲く、そう信じたい私である。

（本文中の名前は全て仮名です）

エピローグ——ケアという「しごと（mission）」

燃え盛る焔につつまれる母子の絵。私はその絵の前で立ち尽くしていた。14歳で長崎の原爆資料館を訪れたとき出逢った、1畳ほどの墨絵だった。その絵との邂逅は、のちに私を反戦運動家へと駆り立てた。

高校はカトリックの女子高で、修学旅行は祈りの旅だった。広島の原爆資料館に行ったあと、カトリック教会で祈った。あのとき私は、天からの光に包まれた。鮮烈な記憶だ。広島のあとは、隠れキリシタンが拷問に遭った津和野へと行き、私はキリスト者になる決意をする。17歳だった。

だが私は、大学に入ったあと、それを一度断念する。キリスト教徒たちの虐殺と侵略の歴史を知ったからだ。大学時代に私へ性的な加害をした人も、キリスト者だった。

高校の「奉仕の日」に、御殿場にあるハンセン病の療養所を訪れた。手づくりの毛糸の靴下をクリスマスプレゼントとして持参した。

患者さんのひとりが私たちを各居室に案内してくれた。8畳か10畳くらいの狭い和室に、4人もの患者さんたちが押し込められていた。

クリスマスプレゼントを渡す女子学生に、患者さんたちは頭を下げていた。それを見た私には、「患者さんたちの生活空間に、土足で踏み込んでいるのでは……」という違和感があった。だから、案内をしてくれた男性の患者さんが「ここが、私の部屋です」と立ち止まったところで、私は彼にプレゼントを渡した。すると彼は、自室のドアを開けるなり、プレゼントを部屋に投げ棄てるように放った。

衝撃を受けた。「私の行為は偽善なのだろうか？」と悩んだ。高校在学中には、苦しくて二度とその療養所には行けなかった。

大学に入り、キリスト教系のボランティアクラブが東村山にある多磨全生園に訪問すると聞き、入部した。今度こそ、ハンセン病の人たちとちゃんと向き合いたかった。

だが、そこでの活動も私の違和感を取り去ってはくれなかった。クラブのメンバーは、中学から私立の女子高出身者が多く、先輩たちは親のコネで旧財閥系の大企業に就職していくような人もいた。経済的に豊かな家庭で育った「善意」の女子大生のボランティア活動……。そのなかで、高校時代の辛い想いや、疑念が払拭されるはずはなかった。

大学2年のとき、全生園に住んでいる在日韓国人・朝鮮人の患者さんたちの聞き書き調査があると聞いた。私は、指導教諭の山田昭次先生に頼み、合宿に参加させてもらった。全生園に住む人たちが、山田先生の活動をテレビで知り、「全生園にも韓国、朝鮮人がたくさんいます。ぜひ、来てください」と言って招聘されたそうだ。山田先生は、二重三重の苦難に生きる人たちに出逢い、学生たちと聞き書き調査を企画したと、記憶している。その聞き書き調査合宿に参加した私は、やっと少し、ハンセン病の人たちと出逢えたような気がした。それから10年、大学を出たあとも、私は子連れで聞き書き調査合宿に参加した。子どもと私を、患者さんたちは大歓迎してくれた。

26歳でシングルマザーになった私は、一文無しに近く、福祉事務所の勧めで、母子寮に入った。

息子はまだ生後7カ月。母子寮には風呂もなく、トイレも共同。1988年のバブル経済時にもかかわらず、台所には湯沸し器すらなかった。4畳半一間の部屋。台所は2畳ほど。流しには一口コンロしか置けず、私はやかんや鍋で湯を何回も沸かして、息子を沐浴させた。台所が狭すぎ、排水もままならないため、ベビーバスも置けなかった。雑巾を洗うような掃除用の青いバケツ。それが息子の風呂だった。窮屈なバケツに浸かる息子の表情は凍りついていた。

30年以上前の記憶だが、いまも思い出すと涙がにじむ。それでも私は、在寮中には一度も泣かなかった。むしろ、泣けなかった。

入寮した翌年のクリスマスに、母子寮の職員が寄付があったからと、息子にクリスマスプレゼントを持ってきた。

「寄付してくれた善意銀行にお礼状を書いて下さい」と言われ、ハイハイとおざなりな返事をした。ドアを閉めた私は、息子へのプレゼントを部屋に放り投げた。その瞬間、10年前のハンセン病療養所での記憶が甦った。私は、私がされたことと同じことをしたのだ。

私は、その後、全生園のハンセン病の患者さんたちの当事者運動に想いを馳せながら、母子寮改善運動を闘い抜いた。署名活動を一番応援してくれたのは、全生園の聞き書き調査合宿の仲間たちだった。

ハンセン病の人たちとの交流の経験は、私が30歳のときに出逢い、40歳から本格的に取り組んでいるホームレスの人びととの交流にも生かされた。

ホームレスのおじさんたちとの交流に、深く癒される私がいた。それは、「支援者」である前に、「当事者」である私の魂もホームレス状態だったからだと思う。

そんな私を、恩師・山田昭次先生は「情熱家」と呼んだ。受難の人生を生きている人びとに対峙するとき、私のなかで魂の焔が燃え盛るのかもしれない。

だが、自分の行為や情動を、自ら「情熱」と名づけたことはなかった。むしろ受難を生きる人の傍らに寄り添うとき、私には静謐な祈りが生まれた。

受難を生きる人のために祈ること。それは、寒い冬の路上を歩いて野宿するおじさんたちに味噌汁を手渡すことであり、認知症で不安になっている高齢者の手を握ることだ。

祈りは私の手と足、身体を通して、他者へと伝えられている。

自分のためでもない。他者のためでもない。私の魂の奥底から生まれてくる祈りは、私の人生の受難を癒し、さらに深い祈りへと導いていく。

だからこそ、私にとって、ケアという「しごと（mission）」は、祈りそのものであり、私自身を癒す、かけがえのない賜なのだ。

あとがき

２０１８年８月30日。私は火傷で危うく死にかけた。自分で呼んだ救急車の中で、広島・長崎の被爆者、沖縄で焼き殺された人たちを思いながら、強い痛みに堪えた。

「あと数秒遅ければ、火だるまになって死んでいたかも……」と主治医に言われた。人生最大の惨事だった。手術の麻酔から目覚めたとき、息子が手を握ってくれていた。最初の言葉は、「水……」。焼けつくような渇きだった。

「火の鳥は火山に飛び込んで、古い自分を燃やし尽くして再生する。あなたもフェニックスなのよ！」と、40年来の付き合いの友人から言われた。

この事故を契機に、私の人生で受けた暴力からの、恢復と再生の物語を生み出したいと強く思った。５人の友人たちの協力を得て、原稿は削ぎ落とされた。それは、心の断捨離でもあった。

美しい本にしたかった。快く絵を提供してくださったcoci la elle ひがしちかさんのご厚意と、デザイン事務所albireo の西村真紀子さん・奥田朝子さんの情熱で、素晴しい装丁になった。

ひがしさんは、私と同じく母子寮で暮らした経験がある女性。さらに、私が人生を変えるきっかけを得た地・長崎のご出身。不思議なご縁に、心から感謝しています。

また、国家による究極の暴力である旧優生保護法強制不妊手術の裁判で再会した、社会学者・市野川容孝さんから推薦文をいただいた。私は16歳でフランクルの『夜と霧』『死と愛』やブーバーを読み、ユダヤ系ドイツ人の思想やナチの強制収容所の問題に深い影響を受けた。そして、女性解放運動の仲間たちと出逢うことになる１９８２年の優生保護法改悪阻止の運動に飛び込んだ。そのシスターたちと強制不妊手術の当事者支援を担ってきた市野川さんに深く感謝します。

奇しくも大学の後輩だった若き編集者、向山夏奈さん。彼女の情熱に乾杯！　そして、向山さんの恩師、社会学者・小倉康嗣さんの文章にインスパイアされ、本書にPassion という「核」が入った。それは海の底で真珠のような結晶になっていった。小倉さんに深く敬意を表します。

そして、ここには書ききれない、かけがえのない友人たちの存在によって、この本は生まれた。

いま社会を混乱に陥れている新型コロナウィルスは、人が生きて、死ぬということ、さらに構造的な暴力や虐待といった根源的な問題にまで、深淵な「問い」を投げかけている。

3月29日。桜が満開のさなか、東京の空に雪が舞った。前日、「来年は生きてこの桜は見れないかもしれないなぁ……」と思いながら、風に舞う桜の花びらを見つめ続けた。

翌朝、窓の外の白銀の世界を見ていたら、かつて勤めた川沿いの桜並木の側にあった、グループホームを思い出した。春になると利用者とともに、桜並木を笑顔で歩いた幸せな記憶が甦った。

そのときの同僚に、「そちらの桜は綺麗に咲きましたか？　今年が最後の桜になるかもしれないから、私は利用者さんたちに桜を見せて欲しいです」とメールした。

すると同僚から、「今日は寒かったですが、雪と桜のコントラストは幻想的ですらありました。こちらの桜は今年も見事に咲き誇っています。みなさん、お散歩に出かけています。お陰様で、こちらは落ち着いています」と嬉しい返信がきた。

「いのちは有限。そう痛感するいまだからこそ、昨日見た桜は、ことのほか美しかったです。花を正しく美しいと想う魂は、暴力とたたかう力へとつながっていく……私はそう思います」と彼女に送った。

「『桜明け 耐え忍ぶ 日々 来るけど 巡る命を 地球《テラ》は育む』

万物の生命は永遠に受け継がれていくと信じています。私はそんな物語を紡ぎたいです」

介護現場で出逢えたかけがえのない友人からの返信に、目頭が熱くなった。

人が生き、どう死ぬか。いのちとは何なのか。そんな根源的な「問い」が、全人類に突きつけられている。

この瞬間、生きて見る、桜吹雪は美しく、いのちの再生を促す力がそこにある。

いみじくも、昨年の初夏、「Passion」と名づけられたこの本は、地球に住む人類全ての「受難」の焔へと、投げ込まれる。

2020年　桜咲く春に、希望を託して……。

白崎朝子

初出一覧

1章

・「あしたはお天気～ケアワーカー日記～」『女のしんぶん』２０２０年2月25日～２０１６年9月25日。

2章

・「本当に」殺されたのは誰なのか？
「介護労働者による利用者虐待を考える――現代の『死の商人』に搾取される介護労働者」（『科学的社会主義』２５７号、社会主義協会、２０１９年）を改題・修正。
・支援が支配と暴力に変容するとき
「『支援』が支配と暴力に変容するとき」（『季刊福祉労働』１５３号、現代書館、２０１６年）を改題・修正。
・現場に蔓延する「相互暴力」
「介護現場に蔓延する相互暴力――「支援する側／される側」その境界を越えて」（『季刊福祉労働』１６４号、現代書館、２０１９年）を改題・修正。
・女性ヘルパー、いのちがけの妊娠・出産
「介護現場　命がけの妊娠・出産――産休・育休を安心して取れる制度改善を」（働く女性の人権センターいこ☆る、機関紙38号、２０１４年冬号）を改題・修正。
・戦争を生き延びた高齢者――沖縄からの宿題

「戦争を生き延びた高齢者と介護問題　沖縄からの宿題」（『科学的社会主義』233号、社会主義協会、2017年）を改題・修正。

・沖縄への旅――高齢者介護の現場を歩いて

「沖縄への旅――高齢者介護の現場を歩いて」（『科学的社会主義』237号、社会主義協会、2018年）修正。

プロローグ／エピローグ

書き下ろし

白崎朝子（しらさき・あさこ）

1962年生まれ。介護福祉士。
ケアワークやヘルパー初任者研修講師に従事しつつ、反原発運動、女性労働、旧優生保護法強制不妊手術裁判支援などの諸活動と執筆を続けてきた。
著書『介護労働を生きる』、編著書『ベーシックインカムとジェンダー』（共に現代書館）。2009年、平和・協同ジャーナリスト基金賞の荒井なみ子賞受賞。

Passion《パッション》 ケアという「しごと」

二〇二〇年四月三十日　第一版第一刷発行

著　者　白崎朝子
発行者　菊地泰博
発行所　株式会社現代書館
東京都千代田区飯田橋三―二―五
郵便番号　102-0072
電　話　03（3221）1321
ＦＡＸ　03（3262）5906
振　替　00120-3-83725
組　版　プロ・アート
印刷所　平河工業社（本文）
東光印刷所（カバー）
製本所　積信堂
装　幀　albireo

校正協力／渡邉潤子

ISBN978-4-7684-3578-6
定価はカバーに表示してあります。乱丁・落丁本はおとりかえいたします。
http://www.gendaishokan.co.jp/

活字で利用できない方のための
テキストデータ請求券
『Passion　ケアという「しごと」』